LIMITES DO BELO

estudos sobre a estética de Friedrich Schiller

LIMITES DO BELO

estudos sobre a estética de Friedrich Schiller

Ricardo Barbosa

© Relicário Edições
© Ricardo Barbosa

CIP –Brasil Catalogação-na-Fonte | Sindicato Nacional dos Editores de Livro, RJ

> B238l
> Barbosa, Ricardo.
> Limites do belo: estudos sobre a estética de Friedrich Schiller / Ricardo Barbosa. – Belo Horizonte: Relicário, 2015.
> 196 p.
> Inclui bibliografia
> ISBN 978-85-66786-27-9
>
> 1. Estética. 2. Filosofia. 3. Schiller, Friedrich, 1759-1805.
> I. Título.
> CDD-111.85

CONSELHO EDITORIAL

Eduardo Horta Nassif (UFMG)
Ernani Chaves (UFPA)
Guilherme Paoliello (UFOP)
Gustavo Silveira Ribeiro (UFBA)
Luiz Rohden (UNISINOS)
Marco Aurélio Werle (USP)
Markus Schäffauer (Universität Hamburg)
Patrícia Lavelle (EHESS/Paris)
Pedro Sussekind (UFF)
Ricardo Barbosa (UERJ)
Romero Freitas (UFOP)
Virgínia Figueiredo (UFMG)
Davidson de Oliveira Diniz (UFRJ)

COORDENAÇÃO EDITORIAL Maíra Nassif Passos
PROJETO GRÁFICO & DIAGRAMAÇÃO Ana C. Bahia
REVISÃO Maria Fernanda Moreira

RELICÁRIO EDIÇÕES
www.relicarioedicoes.com
contato@relicarioedicoes.com

À Carol

Apresentação 9

Schiller e o problema do fundamento objetivo do belo
As *Preleções sobre estética do semestre de inverno de 1792-93* e *Kallias ou sobre a beleza* 13

As três naturezas. Schiller e a criação artística 41

Sobre o sublime teórico em Schiller e o espírito trágico do idealismo transcendental 55

Verdade e beleza
Schiller e o problema da escrita filosófica 77

A especificidade do estético e a razão prática em Schiller 119

O "idealismo estético" e o *factum* da beleza
Schiller como filósofo 135

Bibliografia 185

APRESENTAÇÃO

Friedrich Schiller (1759-1805) dedicou-se intensivamente à filosofia entre 1791 e 1795. Seus trabalhos desse período foram essenciais para a formação da estética como uma disciplina filosófica autônoma, do classicismo de Weimar, do idealismo alemão e da crítica estética da modernidade. Os múltiplos efeitos da obra filosófica madura de Schiller se deixam ver como resultantes de um contínuo esforço de reflexão sobre uma pergunta recorrente – uma pergunta que, como dissera Kant, seria o fulcro de todas as demais questões que incitam a razão humana: a pergunta pelo que somos, a pergunta pelo homem e sua destinação. Schiller fora despertado para esse questionamento ainda bem jovem, quando, muito a contragosto, estudou medicina. É significativo que tenha concluído sua formação com um *Ensaio sobre a conexão da natureza animal do homem com a sua natureza espiritual* (1780).

A pergunta pelo homem ainda se apresenta nos escritos filosóficos maduros antes de tudo como uma pergunta pela *unidade* da natureza humana. Schiller, porém, a formulou sobre uma base inteiramente nova: a teoria kantiana das faculdades humanas. Não é casual que o problema se afigure agora como o da unidade entre a razão e a sensibilidade e seja exaustivamente tratado na perspectiva da crítica do gosto, pois o gosto teria o poder de não só *reconciliar* a razão com os sentidos, como também de promover a *permeabilidade* das formas fundamentais da racionalidade sem lesá-las em sua *autonomia*, ou seja, sem ferir a soberania do entendimento na esfera teórica, da razão na esfera prática e da imaginação na esfera estética.

Schiller formara tais convicções sobre o poder unificador do belo e do gosto antes mesmo de sua adesão ao idealismo transcendental, como testemunha o conhecido poema "Os artistas" (1788-89); no entanto, a leitura de Kant não só lhe permitiu formulá-las com rigor filosófico, como também o instigou a tentar estabelecer o que o próprio Kant julgava impossível: um princípio objetivo para o belo e o gosto. Essa tentativa e algumas de suas implicações são tratadas nos estudos "Schiller e o problema do fundamento objetivo do belo. As *Preleções sobre estética do semestre de inverno de 1792-93* e *Kallias ou sobre a beleza*" e "As três naturezas. Schiller e a criação artística".

Schiller colocou em evidência a permeabilidade das formas autônomas da racionalidade perguntando até que ponto pode o gosto *promover* a verdade e a moralidade, mas também *prejudicá-las*. Assim, ele se ocupou de uma questão normativa: a de estabelecer os *limites* do gosto face às exigências do conhecimento teórico, por um lado, e do conhecimento prático, por outro. Em "Verdade e beleza. Schiller e o problema da escrita filosófica" aquele aspecto da questão é analisado no contexto de uma polêmica com Fichte em torno do direito ao uso de procedimentos estéticos em obras filosóficas; em "A especificidade do estético e a razão prática em Schiller" a ênfase recai sobre o outro aspecto da questão: a defesa de uma legítima aliança entre o gosto e o senso do dever, que também resulta na superação do ascetismo moral kantiano.

Ao resgatar Schiller para a história da filosofia, Wilhelm Windelband caracterizou o seu pensamento como uma modalidade de idealismo entre as diversas surgidas à época: o "idealismo estético". Embora estabelecida de um ponto de vista historiográfico, essa caracterização é antes expressiva da convicção de Schiller, segundo a qual o idealismo transcendental, radicalmente compreendido conforme o seu espírito, que consiste na exigência da unidade da natureza humana, só se deixa fundamentar *como* um idealismo *estético*. A *Elementarphilosophie* desenvolvida em *Sobre a educação estética do homem* desempenha esse papel fundamentador. Elaborada como uma analítica antropológica, ela visa a resolver o problema da unidade da natureza humana mediante a dedução de um conceito racional puro do belo, sobre o qual deve ser erguida toda a filosofia transcendental. Essa convicção de Schiller acerca do caráter estético do idealismo transcendental resultou em parte de uma tomada de posição original em face da problemática geradora do idealismo alemão – a fundamentação da razão à base de um princípio incondicionado –, particularmente como formulada por Fichte. Essa interpretação é proposta no estudo "O 'idealismo estético' e o *factum* da beleza. Schiller como filósofo", refletindo-se também em "Sobre o sublime teórico em Schiller e o espírito trágico do idealismo transcendental".

* * *

Sobre a origem dos textos

1. "Schiller e o problema do fundamento objetivo do belo. As *Preleções sobre estética do semestre de inverno de 1792-93* e *Kallias ou sobre a beleza*" recupera o essencial das introduções que preparei para minhas traduções dessas obras de Schiller. Republicá-las separadamente resultaria em repetições desnecessárias, em prejuízo da unidade do seu conteúdo. (Cf. F. Schiller, *Kallias ou sobre a beleza. A correspondência entre Schiller e Körner, janeiro-fevereiro de 1793*. Rio de Janeiro: Zahar, 2002; id. *Fragmentos das preleções sobre estética do semestre de inverno de 1792-93*. Belo Horizonte: UFMG, 2004).

2. "As três naturezas. Schiller e a criação artística" foi publicado na revista *Matraga* (v. 18, n° 29, jul./dez. 2011, p. 201-14).

3. "Sobre o sublime teórico em Schiller e o espírito trágico do idealismo transcendental" é uma versão modificada de uma comunicação apresentada no "XII Encontro Nacional de Filosofia da ANPOF", realizado em Salvador em outubro de 2006.

4. "Verdade e beleza. Schiller e o problema da escrita filosófica" é uma versão ampliada de um artigo publicado na *Revista de Filosofia da SEAF* (ano IV, n° 4, 2004, p. 16-37).

5. "A especificidade do estético e a razão prática em Schiller" foi publicado na revista *Kriterion* (v. 46, n° 112, dez. 2005, p. 229-42).

6. "O 'idealismo estético' e o *factum* da beleza. Schiller como filósofo" é a versão original a partir da qual preparei uma conferência lida

no "Seminário Internacional Arte no pensamento", realizado no Museu Vale do Rio Doce, em Vitória, em março de 2006.

Naturalmente, os estudos aqui reunidos foram revisados sob todos os aspectos, sempre em proveito da clareza e da correção. Os acréscimos superaram em muito os cortes. A repetição de certos motivos característicos do pensamento de Schiller e de fatos significativos de sua biografia resultou inevitável numa coletânea como esta. Ela se deve à independência das partes e, como creio, não prejudica a unidade do todo.

Sou muito grato ao CNPq, ao *Schiller Nationalmuseum / Deutsches Literaturarchiv* (*DLA*) em Marbach am Neckar, ao DAAD e ao Prociência/ Uerj pelo apoio imprescindível, assim como aos alunos dos cursos de graduação e de pós-graduação em filosofia da Uerj e aos colegas do Grupo de Trabalho em Estética da ANPOF por todas as ocasiões em que pudemos discutir sobre nossas pesquisas.

Ricardo Barbosa
Uerj – Departamento de Filosofia | CNPq

SCHILLER E O PROBLEMA DO FUNDAMENTO OBJETIVO DO BELO
As *Preleções sobre estética do semestre de inverno de 1792-93* e *Kallias ou sobre a beleza*

> "A beleza deve, pois, ser vista como a cidadã de dois mundos, pertencendo a um por nascimento e ao outro por adoção; ela recebe sua existência na natureza sensível e adquire no mundo da razão o direito de cidadania."
>
> F. Schiller, *Sobre graça e dignidade*.[1]

A correspondência mantida por Friedrich Schiller com seu amigo Christian Gottfried Körner em janeiro e fevereiro de 1793 é certamente "o primeiro testemunho de um confronto independente de Schiller com a *Crítica da faculdade do juízo* de Kant" (Berghahn, 1994, p.139), pois o que salta aos olhos desde o início é seu esforço de pensar – com e contra Kant – os fundamentos da estética como uma disciplina filosófica autônoma. Essas cartas contêm as linhas centrais de uma obra que Schiller planejara sobre os fundamentos do gosto, do belo e da arte – *Kallias ou sobre a beleza* –, enquanto oferecia preleções de estética a um pequeno grupo de ouvintes. Num primeiro momento (I), apresento em linhas gerais as circunstâncias sob as quais Schiller realizou suas preleções sobre estética (1) e concebeu o projeto de *Kallias* (2), não só revendo a fundamentação kantiana da estética, como também retomando o problema a partir do ponto em que Kant o deixara: o dos efeitos

---

1. Schiller, F. *Ueber Anmuth und Würde*. In: *Schillers Werke. Nationalausgabe*. 20. Bd.: *Philosophische Schriften: Erster Teil*. Edição de Benno von Wiese, com a colaboração de Helmut Koopmann. Weimar: Hermann Böhlaus Nachfolger, 1962, p. 260. Ao longo de todo o livro, as demais citações da *Nationalausgabe* serão indicadas pela abreviatura *NA*, seguida do número do volume e da página.

formativos do belo e do gosto (3). Em seguida, passarei ao problema do fundamento objetivo do belo (II).

I

1. As *Preleções sobre estética do semestre de inverno de 1792-93*

Os estudos kantianos de Schiller, especialmente suas repetidas leituras da *Crítica da faculdade do juízo* (1790), encontram-se bem documentados sobretudo em sua correspondência com Körner. Assim, já em 3 de março de 1791, ou seja, pouco depois da publicação dessa obra, Schiller lhe escreve de Jena:

> Você não adivinha o que leio e estudo agora? Nada menos do que *Kant*. Sua *Crítica da faculdade do juízo*, que adquiri, me estimula através do seu conteúdo pleno de luz e rico em espírito, e me trouxe o maior desejo de me familiarizar aos poucos com a sua filosofia. Pelo meu pouco conhecimento de sistemas filosóficos, a *Crítica da razão* [pura] e mesmo alguns escritos de Reinhold ser-me-iam agora ainda demasiado difíceis e me tomariam muito tempo. Mas como já tenha pensado muito por mim mesmo sobre estética e nisso sou ainda mais versado empiricamente, progrido com mais facilidade na *Crítica da faculdade do juízo* e começo a conhecer muito sobre as representações kantianas, pois nessa obra ele se refere a elas e aplica muitas ideias da *Crítica da razão* [pura] à *Crítica da faculdade do juízo*. Em suma, pressinto que Kant não é para mim uma montanha intransponível, e certamente ainda me envolverei com ele com mais exatidão. Como no próximo semestre lecionarei estética, isso me dá a oportunidade de dedicar algum tempo à filosofia em geral. (Schiller, 1992, p. 77-78)

Esse curso de estética foi temporariamente suspenso e realizado apenas no semestre de inverno de 1792-93. Ainda assim – embora também por isso mesmo –, Schiller manteve seu plano de leituras. A 1º de janeiro de 1792 comunicou a Körner que se ocupava "com grande zelo" da filosofia de Kant: "Minha decisão, irrevogavelmente concebida, é a de não deixá-la até que eu a tenha penetrado, mesmo que isso possa me custar três anos" (*NA* 26, p. 127). Seu plano de leituras, no entanto, era mais amplo, pois revelava que gostaria de se haver ao mesmo tempo com Locke, Hume e Leibniz. Em meados de março, Schiller foi dispensado de suas atividades acadêmicas previstas para o semestre de verão, dado o seu estado de saúde. Contudo, retomou o estudo da terceira *Crítica* ao final de maio (*NA* 26, p. 141), aprofundando-o em outubro: "Estou enfiado até as orelhas na [*Crítica da*] *faculdade do juízo* de Kant. Não sossegarei até que tenha penetrado nessa matéria e que ela se tenha tornado alguma coisa em minhas mãos" (*NA* 26, p. 161). Schiller estava especialmente preocupado com esses estudos, pois o curso de estética que planejara oferecer no semestre seguinte já havia sido anunciado e começaria a 5 de novembro. No dia seguinte ao da primeira preleção, ele comunicou a Körner suas impressões iniciais e as expectativas que tinha quanto aos efeitos que a pesada carga de trabalho exigida pela preparação das aulas teriam sobre suas próprias reflexões:

> Comecei agora o meu *privatissimum* sobre estética. Como não posso observar a praxe, preciso me esforçar bastante para ter material suficiente para quatro a cinco horas semanais. Além disso, vejo pelas primeiras preleções quanta influência este *Collegium* terá na retificação do meu gosto. O material se acumula quanto mais eu progrido, e já cheguei a muitas ideias plenas de luz. (*NA* 26, p. 164)

As preleções não seguiram a praxe universitária pelo simples motivo de que aconteceram na casa de Schiller, cujo estado de saúde era ainda frágil. No dia 22 de março de 1793, Schiller sofreu uma crise durante uma das aulas (*NA* 26, p. 236). Elas foram encerradas a 26 de março e retomadas no semestre de verão, embora não se saiba se Schiller chegou a concluir seus trabalhos (Zeller, 1966, p. 126).

Naquela mesma carta a Körner de 6 de novembro de 1792, Schiller conta que tinha 24 ouvintes, dos quais 18 pagantes, e se dizia satisfeito com isto (*NA* 26, p. 164). Entre esses ouvintes estava um jovem chamado Christian Friedrich Michaelis. Em 1806 – o ano seguinte ao da morte de Schiller – Michaelis publicou parte do que anotara dessas aulas. Sob o título de *Fragmentos ainda não impressos das preleções sobre estética de Schiller no semestre de inverno de 1792-93*, esse material figura como anexo à segunda parte de uma obra em dois volumes organizada pelo próprio Michaelis em homenagem ao poeta e pensador recém-falecido (Michaelis, 1806, p. 241-284).[2]

As anotações de Michaelis só voltaram a circular mais de um século e meio depois, quando foram republicadas na mais rigorosa edição das obras e da correspondência de Schiller, a *Nationalausgabe*, sob o título *Fragmentos das preleções sobre estética de Schiller no semestre de inverno de 1792-93* (*NA* 21, p. 66-88). No aparato crítico que acompanha essa publicação do texto, lê-se o seguinte excerto da apresentação de Michaelis:

> O anexo contém uma parte das preleções sobre estética de Schiller, as quais o autor (após a conclusão dos seus estudos acadêmicos) teve a felicidade de ouvir e conservar por escrito o essencial. O comunicado aqui são, porém, apenas fragmentos, ou seja, proposições isoladas, tal como elas se deixavam compreender e anotar a partir da coerente exposição, mas espero que não sem todo interesse para os que veneram e conhecem as ideias de Schiller. As partes sobre o sublime e sobre a arte trágica não foram tomadas deste manuscrito, pois o próprio *Schiller* em seguida as elaborou para impressão e as editou. (*NA* 21, p. 383)

Fonte extremamente útil para a leitura de *Kallias*, essas preleções atestam sobretudo o importante efeito de autoesclarecimento gerado pelo trabalho necessário para prepará-las, o que resultou em ensaios como "Sobre a arte trágica", "Do sublime. Para o desenvolvimento de algumas ideias kantianas", "Sobre o patético", "Pensamentos sobre o uso do comum e do baixo na arte" e "Observações dispersas sobre diversos objetos estéticos", todos eles frutos das leituras e do ensino de Schiller durante o semestre de inverno de 1792-93.[3]

---

2. A primeira parte desta obra apareceu no ano anterior. Michaelis também organizou uma coletânea de fragmentos: *Schiller's Aphorismen, Sentenzen und Maximen, über Natur und Kunst, Welt und Menschen*. Leipzig: Baumgärtnerische Buchhandlung, 1806.
3. "Sobre a arte trágica" foi publicado em 1792 na revista *Neue Thalia* (vol. 1, nº 2), editada por Schiller, e republicado em 1802 no quarto volume dos seus *Escritos*

Benno von Wiese (1959), um dos mais renomados estudiosos da obra de Schiller, a quem também se deve a edição do volume da *Nationalausgabe* no qual figuram as anotações de Michaelis, observa que elas "veiculam uma impressão de certo fragmentária e não autêntica do curso sobre estética que Schiller começou a 5 de novembro de 1792" (*NA* 21, p. 383). A observação de von Wiese sobre o caráter inautêntico dessas anotações lança uma injusta sombra de suspeita sobre Michaelis. Afinal, ele não foi apenas um aluno casual de Schiller ou um curioso de boa vontade das coisas da arte e do espírito. Christian Friedrich Michaelis nasceu em Leipzig a 3 de setembro de 1770, onde morreu a 1º de agosto de 1834. Estudou direito, filologia e filosofia na universidade de sua cidade natal, onde obteve o grau de mestre em 1790. Em 1792, mudou-se para Jena, onde permaneceu até o ano seguinte, quando retornou para Leipzig. Em 1794, após concluir sua tese de habilitação, ofereceu preleções de estética e filosofia na Universidade de Leipzig. Michaelis jamais conseguiu ir além da posição de *Privatdozent*, embora não por uma questão de mérito, e sim por ter sido identificado como um simpatizante de Fichte, cuja fama de plebeu, democrata radical e revolucionário não tardaria em resultar na acusação de ateísmo que o obrigou a abandonar sua cátedra em Jena. Por força das dificuldades advindas de sua simpatia por Fichte, Michaelis deixou a universidade e passou a viver como professor particular, tradutor e escritor. Autor de diversos trabalhos filosóficos (especialmente sobre Kant e Fichte[4]), foi um dos primeiros a considerar a música sob o ponto de vista da

---

menores em prosa. Já os textos "Do sublime. Para um desenvolvimento de algumas ideias kantianas" e "Sobre o patético" foram publicados em 1793 em *Neue Thalia* (vol. 3, nº 3 e 4, respectivamente), mas apenas o segundo foi incluído nos *Escritos menores em prosa* (vol. 3, 1801), ao lado de "Sobre o sublime", cuja primeira redação é muito provavelmente de 1793. O artigo "Pensamentos sobre o uso do comum e do baixo na arte" apareceu somente no quarto volume dos *Escritos menores em prosa*. A primeira versão de "Observações dispersas sobre diversos objetos estéticos" foi publicada em outubro de 1794 em *Neue Thalia*. Uma nova versão, reduzida, também figura no quarto volume dos *Escritos menores em prosa*.
4. Como é o caso da obra em três partes *Philosophische Rechtslehre zur Erläuterung über J. G. Fichte's Grundlage des Naturrechts nebst einem Auszuge derselben. Mit Rücksicht auf I. Kant's Entwurf zum ewigen Frieden und Metaphysische Anfangsgründe der Rechtslehre.* Leipzig, 1797-1799.

Crítica da faculdade do juízo (Michaelis, 1796). Seus ensaios de estética musical, muitos deles publicados em periódicos importantes como a *Allgemeine musikalische Zeitung* (Leipzig) e a *Berlinische musikalische Zeitung*, ainda são citados e mereceram uma nova edição.[5]

Benno von Wiese ainda observa que as anotações de Michaelis

> deveriam ser usadas com atenção. Elas em verdade nos dão uma noção de com quais teorias estéticas Schiller se confrontou, mostram também os traços do seu próprio filosofar e até se aproximam em algumas passagens das ideias das cartas a Körner sobre "Kallias", embora revelem apenas pouco do específico modo de configuração do espírito de Schiller ou mesmo da particularidade do seu estilo filosófico. Mas justamente na filosofia de Schiller, forma e conteúdo mal se deixam separar. Nesse sentido, pode-se reportar às suas próprias exposições no artigo "Sobre os limites necessários no uso das formas belas", no qual é exigido que a exposição filosófica deve unir de novo o separado e recorrer "sempre ao homem como um todo através da exortação unificada das forças sensíveis e espirituais" (*NA* 21, p. 14, 18 seg.). Sem dúvida, não se pode falar disso em face do pálido reflexo das preleções copiadas (...). (*NA* 21, p. 384)

No entanto, se essa "Nachschrift" de fato não apresenta aquelas características, deve-se lembrar que elas são antes as da *escrita* filosófica *de* Schiller. O que as anotações de Michaelis têm de "inautêntico" prende-se fundamentalmente a isso, e não ao seu conteúdo.

---

5. Michaelis, C.F., *Ueber den Geist der Tonkunst und andere Schriften*. Organizado por L. Schmidt. Chemnitz: Gudrun Schröder Verlag, 1997. O título completo do principal trabalho de Michaelis incluído nessa coletânea é *Ueber den Geist der Tonkunst mit Rücksicht auf Kants Kritik der Urteilskraft*, originalmente publicado em duas partes (1795 e 1800).

2. *Kallias ou sobre a beleza*

Enquanto oferecia suas preleções, e certamente como efeito do esforço que fizera para prepará-las, Schiller comunicou a Körner seu propósito de apresentar sua própria estética de forma mais detalhada. É o que se lê numa carta escrita a 21 de dezembro de 1792. Schiller observa que a "natureza do belo" tornara-se-lhe bem mais clara, e que por isso esperava poder conquistar o amigo para a teoria que estava desenvolvendo:

> Creio ter encontrado o conceito objetivo do belo, que se qualifica *eo ipso* também para um princípio objetivo do gosto, com o que Kant se desespera. Ordenarei meus pensamentos e os publicarei num diálogo, *Kallias ou sobre a beleza*, na próxima Páscoa. Uma tal forma é extremamente adequada a essa matéria, e o caráter conforme a arte eleva o meu interesse no seu tratamento. Como a maioria das opiniões dos estetas sobre o belo será mencionada e quero tornar minhas proposições perceptíveis, tanto quanto possível, em casos singulares, resultará disso um livro efetivo do tamanho do *Visionário*.[6] (*NA* 26, p. 170-171)

Numa carta de 7 de março de 1793 ao pintor e desenhista Johann Heinrich Ramberg, de quem esperava poder contar com uma bela ilustração para a edição de *Kallias*, Schiller é mais explícito sobre como imaginava o diálogo:

> Visto que a filosofia sobre o belo é em certa medida um ponto de união para filósofos, artistas e poetas, e a beleza não perdoaria caso se conduzisse suas questões num território estranho, tentei dar às minhas investigações teóricas uma vestimenta conforme à arte e, para isso, escolhi a forma de uma conversa entre diferentes artistas, poetas e filósofos. (*NA* 26, p. 230)

Tudo indica que os esboços de Schiller não chegaram a tomar a forma dessa conversa. No entanto, dada a importância do material acumulado, tornado conhecido apenas a partir de 1847, quando a correspondência entre Schiller e Körner foi integralmente publicada pela primeira vez, ele passou a figurar como uma obra autônoma em algumas edições do escritos de Schiller e mesmo em volumes isolados,

---

6. Schiller se refere aqui à sua narrativa fantástica *Der Geisterseher* (1788).

sob o título do livro a que deveria servir de base ou simplesmente como *Kallias-Briefe*.

Schiller logo escreveu a Georg Joachim Göschen, seu editor, indagando-lhe sobre a possibilidade de publicar "o mais tardar em julho" uma obra "que não deve causar vergonha alguma a nós dois" (*NA* 26, p. 173). Imaginado como um diálogo socrático, *Kallias* não deixou de ser meditado num diálogo – ainda que epistolar – entre Schiller e Körner. Culto e musical, Christian Gottfried Körner (1756-1831) fez carreira como alto funcionário público, primeiro na Saxônia (especialmente em Dresden), depois em Berlim, onde morreu.[7] Em 1784, Körner entrou pela primeira vez em contato com Schiller, então às voltas com problemas poéticos e financeiros em Mannheim. Fritz Jonas conta que Körner e sua noiva, Minna Stock, a irmã mais velha desta, Dora Stock, e seu noivo, Ludwig Ferdinand Huber, eram jovens entusiasmados pelas mais recentes manifestações da literatura alemã. Foi assim que, através de cartas e pequenas lembranças, fizeram chegar até Schiller – o então subitamente famoso autor de *Os bandoleiros* – sinais de afeto e de reconhecimento. E foi também assim que ao final de maio de 1784 teve início uma correspondência regular entre Schiller e Körner e uma amizade que perdurou até a morte de Schiller. Jonas acredita que assim Körner

> encontrou sua profissão propriamente dita: ser um fiel amigo, participando vivamente de toda a grandeza de espírito e beleza do seu grande amigo Schiller... Apenas sob esse ponto de vista da fidelidade podem sua vida e seu trabalho ser suficientemente apreciados; seus próprios escritos, por mais que tenham sido estimados por seus contemporâneos, passam ao segundo plano diante de sua importância como amigo de Schiller. (Jonas, 1882, p. 709-710)

De fato, seus artigos – em geral publicados sob o estímulo de Schiller em *Thalia* e *Die Horen* – chamaram atenção: "Sobre a liberdade do poeta na escolha do seu material" (1789) é uma defesa do poema de

---

[7]. Para as informações seguintes, ver Meier (1990, vol. 6, p. 441-443); Menges (1980, vol. 12, p. 377-378); Jonas (1882, vol. 16). Para um perfil de Körner, ver Berghahn (1986, p. 181-200).

Schiller "Os deuses da Grécia" contra as críticas de Friedrich Leopold von Stolberg; "Sobre a exposição do caráter na música" (1795) é apontado como um dos textos mais significativos da estética musical do classicismo de Weimar; "Sobre o significado da dança" (1808) foi publicado por Kleist no primeiro número de *Phöbus* e repercutiu em suas ideias acerca do teatro de marionetes. Esses e outros artigos foram reunidos por Körner e publicados por Göschen em 1808 (Körner, 1808).[8] Em 1812, Körner começou a editar as obras completas de Schiller, cujo plano data de pouco antes da morte do amigo. Seu longo prefácio, "Notícias sobre a vida de Schiller", submetido à apreciação de Goethe antes de ser impresso, é considerado o primeiro relato biográfico seguro sobre Schiller (Körner, 1812, p. I-LX).

A carta de 23 de fevereiro de 1793 contém uma observação que, embora um tanto incidental, talvez possa ser tomada como indicativo de um princípio que Schiller teria levado em conta na composição do diálogo filosófico que planejara: "Boa é uma espécie de ensino em que se progride do conhecido ao desconhecido; ela é bela se é socrática, ou seja, se questiona as mesmas verdades a partir da cabeça e do coração do ouvinte. No primeiro, as convicções do entendimento são-lhe *exigidas* in forma, no segundo são-lhe *extraídas*" (*NA* 26, p. 215; *K* p. 98).[9] A correspondência com Körner em torno de *Kallias* contém traços dessa maneira socrática, enquanto testemunha um vivo aprendizado recíproco.

É provável que a origem do projeto de *Kallias* remonte à primavera de 1792 (*NA* 26, p. 653), como é possível depreender de uma carta de Schiller a Körner de 25 de maio desse ano. Quanto à ideia de uma obra à maneira do diálogo socrático, é igualmente possível que Schiller se tenha deixado influenciar por certa voga do gênero entre os escritores

---

8. Uma reedição foi preparada por Joseph Peter Bauke. Marbach: Schiller-Nationalmuseum, 1964. Cf. tb. *Gesammelte Schriften*. Edição de Adolf Stern. Leipzig: F. W. Grunov, 1881. Sobre a obra de Körner, cf. C. Krautscheid, *Gesetze der Kunst und der Menschheit. Christian Friedrich Körners Beitrag zur Ästhetik der Goethe-Zeit*. Diss., Technische Universität Berlin, 1998.
9. Doravante, utilizaremos a sigla "K", seguida do número da página, para indicar a obra *Kallias ou sobre a beleza. A correspondência entre Schiller e Körner, janeiro-fevereiro de 1793*. Tradução e introdução de Ricardo Barbosa. Rio de Janeiro: Jorge Zahar, 2002.

alemães seus contemporâneos, tais como Moses Mendelssohn e o seu *Phaidon* (1767), Lessing e seu diálogo *Ernst und Falk* (1778-1780) e o Herder autor de *Gott. Einige Gespräche* (1787). Já sobre o título do diálogo, sabe-se que Kallias era um nome próprio bastante comum na Grécia antiga e provavelmente deveria ser o nome do protagonista do diálogo de Schiller. É também provável que Schiller tenha pensado num certo Kallias, "pertencente a uma das mais ricas famílias de Atenas no séc. IV a.C., e cuja casa Platão teria escolhido como cenário para o seu diálogo *Protágoras*" (*NA* 26, p. 654).

Como Schiller ainda sentia a necessidade de familiarizar-se amplamente com os principais teóricos e críticos do seu tempo, recorreu mais uma vez aos préstimos de Körner:

> Ainda não há nada ordenado por escrito, senão já teria apresentando alguma coisa a você. Se você tiver ou souber de escritos importantes sobre arte, me diga: já tenho Burke, Sulzer, Webb, Mengs, Winckelmann, Hume, Batteaux, Wood, Mendelssohn, além de uns cinco ou seis compêndios ruins. Mas gostaria ainda de consultar mais escritos sobre as artes particulares e suas disciplinas específicas. Desejava particularmente, porém, uma ou algumas coleções das melhores gravuras de Rafael, Correggio, entre outras peças, se não forem muito caras. Você poderia talvez me indicar algumas? Além disso, gostaria de um bom livro sobre *arquitetura*. Desespero-me de conhecimentos musicais, pois meu ouvido já está demasiado velho; no entanto, não tenho o menor receio de que minha teoria da beleza falhará no que diz respeito à música, e talvez haja um material para você aplicá-la à música. (*NA* 26, p. 174)

Essa carta, de 11 de janeiro de 1793, documenta o quanto Schiller estava envolvido com as principais obras dos principais estetas do seu tempo (*NA* 26, p. 660-661).[10] A ajuda bibliográfica de Körner veio pron-

---

10. Schiller se refere às seguintes fontes: Edmund Burke, *A Philosophical Enquiry into the Origin of Ideas of the Sublime and Beautiful* (1765, tradução alemã de 1773); Johann Georg Sulzer, *Allgemeine Theorie der schönen Künste* (1771-1774); Daniel Webb, *Enquiry into the Beauties of Painting* (1760); Anton Raphael Mengs, *Gedanken über die Schönheit und den Geschmack in der Malerei* (1762); Johann Joachim Winckelmann, *Geschichte der Kunst des Alterthums* (1764); Henry Home, *Elements of Criticism* (1762-65; tradução alemã de 1763-66); Charles Batteaux,

tamente: a 18 de janeiro, ele sugeriu ao amigo a leitura da *Enciclopédie*, de Hogarth, Hagedorn, Dubos, Lessing, Herder, Reinhold, D'Argenville, Vasari e Moritz, entre outros (*NA* 34.I, p. 218-219). Os sinais dessas leituras encontram-se não só nos *Fragmentos das preleções sobre estética* como também nos escritos de Schiller dessa época, já mencionados. No final de janeiro de 1793 Schiller passou a expor e a desenvolver na correspondência com Körner os argumentos centrais do seu planejado dialogo filosófico sobre a beleza. A intensa troca de ideias estende-se de 25 de janeiro a 28 de fevereiro. No entanto, numa carta a Bartholomäus Ludwig Fischenich, de 11 de fevereiro, Schiller revela sua decisão de postergar a publicação de *Kallias*. Fazendo de suas preleções de estética uma espécie de ateliê para a composição e o refino de suas próprias ideias, persistia no propósito de "refutar Kant com meios kantianos" (Lichtenstein, 1930, p. 106), resistindo assim ao espírito filosófico dominante em Jena:

> Aqui ouve-se ressoar em todas as ruas as palavras forma e conteúdo; quase não se pode mais dizer nada de novo na cátedra, a não ser que a gente se proponha a não ser kantiano. (...) Minhas preleções sobre estética me introduziram com bastante profundidade nessa matéria complicada e me obrigaram a chegar a conhecer a teoria de Kant com tanta exatidão quanto é preciso para não ser um mero repetidor. Estou efetivamente no caminho de refutá-lo e de atacar sua afirmação de que não é possível um princípio objetivo do gosto, pois estabeleço um tal princípio. (...) Estudei Kant e, além disso, ainda li outros estetas mais importantes. Esse estudo contínuo me conduziu a alguns resultados importantes, os quais, espero, resistirão à prova da crítica. De início queria publicar minhas novas ideias sobre o belo num diálogo filosófico; porém, como meus planos se estenderam, quero dispor de mais tempo para isso e deixar minhas ideias germinarem completamente. (*NA* 26, p. 188)

Cours de belle lettres, ou Principes de la littérature (1747-50, tradução alemã de 1756-58); Robert Woods, *An Essay on the Original Genius and Writtings of Homer* (1768, tradução alemã de 1768); Moses Mendelssohn, *Über die Empfindungen* (1755).

Como a carta a Fischenich deixa ver, Schiller estava de tal modo envolvido com esse trabalho e tão convencido de que conseguira ir além de Kant, que o projeto de sistematizar suas ideias e apresentá-las numa obra sofreu rápidas transformações e rendeu outros frutos. "Teria, com prazer, continuado nossa correspondência estética", escreveu Schiller a Körner a 5 de maio de 1793, "mas alguns trabalhos urgentes têm ainda de ser expedidos antes disso. (...) No entanto, consegui importantes esclarecimentos sobre a minha teoria da beleza, e um traço característico objetivo, afirmativo, da liberdade no fenômeno está, pois, encontrado" (NA 26, p. 239-240).

Na verdade, Schiller estava inteiramente absorvido pelo trabalho em "Sobre graça e dignidade", redigido em seis semanas, em maio e junho – um trabalho intimamente ligado ao teor do diálogo que vinha mantendo com Körner. As conclusões a que chegara sobre a beleza moral, por exemplo, apresentadas sobretudo nas cartas de 18 e 19 de fevereiro, bem como o tema da beleza humana, apenas anunciado na carta de 23 de fevereiro, são ricamente desenvolvidos em "Sobre graça e dignidade". Ao mesmo tempo em que cuidava desses trabalhos mais urgentes, Schiller começava sua correspondência com o Príncipe de Augustenburg, embora não tivesse abandonado o projeto de *Kallias*, como se lê na carta enviada a Göschen, escrita em Ludwigsburg a 24 de outubro de 1793 (NA 26, p. 290-291). Poucas semanas depois, a 10 de dezembro de 1793, Schiller pediu a Körner que lhe enviasse de volta justamente as cartas escritas no começo do ano, nas quais começara a esboçar sua teoria da beleza, pois planejava usá-las na correspondência com o Príncipe de Augustenburg, cuja primeira parte contava em publicar já na próxima feira do livro – a da Páscoa de 1794 (NA 26, p. 336). Na longa carta a Körner, escrita em Ludwigsburg a 3 de fevereiro de 1794, Schiller conta que seguia trabalhando em sua teoria da beleza, embora sua preocupação fosse agora a de desenvolver filosoficamente as ideias que havia exposto em seu famoso poema "Os artistas" (1788) em conexão com o motivo da *"educação estética* da humanidade" (NA 26, p. 342). A "natureza do belo" tornara-se-lhe suficientemente clara. Tratava-se então de refletir sobre os seus *efeitos* na formação do homem e da sociedade.

3. Os efeitos formativos do belo e do gosto

As *Preleções* apresentam uma primeira tentativa de aproximação do problema dos efeitos formativos do belo e do gosto. A exigência da comunicação universal do prazer estético, tão enfatizada por Kant, faz do gosto uma faculdade essencial para a promoção da sociabilidade e da humanidade. De acordo com Schiller, tal exigência favorece igualmente a disposição moral, ao mesmo tempo em que dignifica a sensibilidade. "O gosto unifica as faculdades do ânimo superiores e inferiores; ele chama a razão filosofante de volta das reflexões à intuição; ele oferece *humanidade*, ou seja, unifica no homem o ser natural com a inteligência e promove sua influência recíproca, de modo que a sensibilidade é enobrecida pela eticidade" (*NA* 21, p. 69; *P*, p. 38).[11] Ao favorecer a "influência recíproca" entre o racional e o sensível, o gosto tempera a natureza mista do homem.

As anotações publicadas por Michaelis versam sobre as relações entre o estético e o prático apenas sob o ponto de vista da beleza moral (tema já presente nas cartas sobre *Kallias*) e do significado genérico do gosto para a formação do homem. A rigor, esse material não registra um único passo em direção a um problema de primeira grandeza na correspondência com o Príncipe de Augustenburg em 1793: o da importância da dimensão estética para a institucionalização *política* da liberdade, tema central nas reflexões de Schiller sobre o Estado e a sociedade, desenvolvidas longamente no ano seguinte em *Sobre a educação estética do homem*. Ainda assim, as anotações de Michaelis atestam o quanto esses problemas estavam integrados uns com os outros no pensamento de Schiller, sugerindo que eram apresentados nas preleções segundo a ideia de um todo mais amplo, em cujo sentido convergiam.

A referência a Kant é aqui, mais uma vez, decisiva. Se, por um lado, Schiller buscava estabelecer um critério objetivo para o belo, por outro ele retomava a problemática da crítica do gosto precisamente no ponto em que Kant a deixara nos dois últimos parágrafos da primeira

---

11. Doravante, utilizaremos a sigla "P", seguida do número da página, para indicar a obra *Fragmentos das preleções sobre estética do semestre de inverno de 1792-93*. Tradução e introdução de Ricardo Barbosa. Belo Horizonte: Editora UFMG, 2004.

parte da *Crítica da faculdade do juízo*. É justamente nesse ponto que o problema do significado prático-moral do gosto e da arte reaparece em sua figura final, pois a analogia entre o estético e o ético é estabelecida de tal modo que o belo é caracterizado como o símbolo do eticamente bom (Kant, 1993, § 59, B 254-260). No entanto, ao tocar esses problemas, Kant chegava aos limites da tarefa que se fixara e assinalara claramente já no Prefácio:

> Visto que a investigação da faculdade do gosto, enquanto faculdade de juízo estética, não é aqui empreendida para a formação e cultura do gosto (pois esta seguirá adiante como até agora o seu caminho, mesmo sem todas aquelas perquirições), mas simplesmente com um propósito transcendental, assim me lisonjeio de pensar que ela será também ajuizada com indulgência a respeito da insuficiência daquele fim. (Kant, 1993, B IX)

As reflexões de Schiller são uma tentativa de unir esses dois aspectos – ou seja, de combinar o "propósito transcendental", que guiara a investigação de Kant sobre a beleza, com o problema prático-moral inerente à formação e à cultura do gosto, por ele apenas indicado e como que deixado à sorte da experiência.

A correspondência com o Príncipe de Augustenburg – que se deixa ler como a contraface do projeto de *Kallias,* dada a ênfase na questão da relevância prático-moral do belo e da arte – resultou numa excelente oportunidade para o desenvolvimento dos planos e das nascentes ideias de Schiller, mas é de se supor que suas preleções de estética foram uma espécie de laboratório, uma ocasião adequada para que ele pudesse experimentar suas ideias, avaliando o seu alcance e precisão. A sequência das anotações de Michaelis, ao que pese o caráter fragmentário de muitos passos, deixa ver o profundo acordo de Schiller com algumas das principais teses de Kant. Esse acordo é evidente já nas primeiras seções – ou seja, antes mesmo de Schiller tratar diretamente de Kant. Motivos tais como o da diferença entre o belo, o agradável e o bom, do desinteresse exigido pela contemplação do belo, da validade universal do juízo de gosto e da sociabilidade promovida pelo impulso de comunicação irrestrita do prazer estético são aqui expressamente referidos e comentados. No entanto, a preocupação de Schiller com o valor, a influência e a utilidade do gosto para a formação do homem já o leva a mesclar suas próprias ideias com os argumentos de Kant sobre a natureza do belo e do prazer por ele proporcionado. Ao mesmo tempo, a sequência das anotações de Michaelis indica com clareza a divergência central entre ambos, anunciada já no título da seção "Sobre as condições objetivas da beleza". A seção seguinte – "Relação do belo com a razão" – se deixa ler como uma subdivisão daquela. Nelas são tratados alguns dos motivos centrais sobre os quais Schiller discorrera detalhadamente em sua correspondência com Körner a propósito de *Kallias*. Esses motivos – especialmente o conceito de técnica, o problema da imitação artística e os seus meios, bem como o nexo entre as esferas do estético e da razão prática – giram em torno da tese de Schiller, segundo a qual a beleza é a liberdade no fenômeno.

II

Como se lê na carta de 25 de janeiro de 1793, Schiller não ignorava nem minimizava as dificuldades de sua tentativa de – com e contra Kant – estabelecer um princípio objetivo para o belo. O caráter *objetivo* deste princípio implica ao mesmo tempo sua validade universal e necessária e sua imanência ao objeto. Assim, o que está em jogo é a determinação de um princípio tal que legitime a pretensão de validade estética erguida pelo objeto como uma pretensão universal e necessária. Mais do que uma dedução do juízo de gosto, trata-se de uma dedução da beleza como uma "qualidade objetiva". Essa guinada em direção ao objeto, que para Schiller não deveria implicar uma recaída num nível de consciência filosófica pré-crítico, confere às suas ideias uma posição especial entre as principais teorias concorrentes do seu tempo; pois enquanto critica o subjetivismo sensível de Burke e dos sensualistas ingleses, o objetivismo racional de Baumgarten e dos racionalistas dogmáticos e o subjetivismo racional de Kant, Schiller está convencido de que sua teoria é "uma quarta forma possível de explicar o belo" (*NA* 26, p. 175; *K*, p. 42): sua clara pretensão de síntese está em que ela retém o momento de verdade das teorias rivais no interior de uma concepção sensível-objetiva da beleza.

Embora a *démarche* de Schiller não apresente a mesma sistematicidade nem o empenho arquitetônico de Kant, é possível dividi-la em dois momentos: o da determinação subjetiva do belo, ao qual corresponde a conhecida tese segundo a qual a beleza é a liberdade no fenômeno, e o da determinação objetiva do belo, centrada no conceito de técnica como condição mediata da beleza. Como creio que a compreensão dessa *démarche* pode ser facilitada pelo recurso às reflexões de Schiller sobre a natureza e os limites do gosto desenvolvidas nas *Preleções*, começarei por essas reflexões (1). De volta a *Kallias*, recapitularei brevemente os passos da argumentação resultante na tese sobre a beleza como a liberdade no fenômeno (2), passando em seguida ao problema da técnica (3). A solução apresentada por Schiller para esse problema incide de tal modo sobre a determinação da especificidade do *belo artístico*, que a dedução de um critério objetivo do belo resulta numa espécie de dedução da obra de arte, cujo ponto alto é o conceito de *estilo* como a pura objetividade da apresentação (4). Por fim, gostaria ao menos de indicar como a problemática geral de *Kallias* poderia ser reformulada (5).

1. Sobre a natureza e os limites do gosto

Com Kant, Schiller formula a tarefa da estética como um momento da autorreflexão da razão, centrada agora na faculdade pela qual o belo é ajuizado: o gosto. "A estética investiga a natureza da faculdade operante no ajuizamento do belo; ela busca assinalar com exatidão e correção os limites do gosto" (*NA* 21, p. 66; *P*, p. 33). O gosto é uma faculdade essencialmente comunicativa, pois a experiência estética só se consuma quando o nosso contato silencioso com as belezas da arte e da natureza é rompido pela comunicação irrestrita do nosso prazer. Mas o que implica tal possibilidade de comunicação? "Se uma sensação de prazer deve ser *universalmente comunicável*, então tudo de empírico, material, toda influência da inclinação tem de estar separada disto" (*NA* 21, p. 67; *P*, p. 35). A capacidade de ajuizar o belo opera de modo análogo à capacidade de ajuizar o moralmente bom: em ambos os casos, a pretensão de universalidade dos juízos estéticos e morais tem como uma de suas condições a abstração de todo fundamento de determinação material. "O juízo de gosto tem de comprazer sem inclinação, como o [juízo] *moral*; pois ambos se restringem apenas à *forma* e decidem *imediatamente*" (*NA* 21, p. 67; *P*, p. 35). O que efetivamente neutraliza toda inclinação é a consideração *desinteressada* do objeto. Se o belo apraz desinteressadamente, é porque tomamos o objeto na gratuidade de sua presença, sem nenhuma referência ao nexo possível entre a sua existência e as nossas necessidades. A consideração estética é análoga à consideração moral na medida em que o objeto é tomado como um fim em si mesmo, nunca como um meio. E assim como não ligamos ao objeto nenhum interesse, como que colocando entre parênteses tudo o que em nós se encerra no âmbito do privado, também não o determinamos mediante conceitos, razão pela qual não o representamos segundo um fim. Em sua presença livre e gratuita, o objeto mobiliza nossas faculdades de conhecer na medida mesma em que as desonera de suas funções cognitivas. Do caráter conforme a fins do objeto resta apenas sua forma. O desinteresse é, por assim dizer, o primeiro passo naquele movimento de abstração pelo qual nos distanciamos de nossas inclinações e nos concentramos na forma do objeto, comunicando o que só assim se deixa comunicar universalmente.

> Como a beleza consiste meramente na *forma* da conformidade a fins, então a beleza em geral consiste apenas na *forma*. Um juízo de gosto é então *puro* se nem *atrativo* nem *comoção* estão aqui em jogo. Por isso, todo enobrecimento da arte consiste na *simplicidade*. (…) Uma pintura pode *atrair* apenas por suas cores, mas pode ser bela apenas pela *composição* e o *desenho*. (*NA* 21, p. 78; *P*, p. 60)

Essa rigorosa exigência de abstração deixa ver o estético como a contraface do moral e ambos como as duas faces da liberdade. "O *gosto* possui, como a *razão prática*, um *princípio interno de ajuizamento*", diz Schiller (*NA* 21, p. 67; *P*, p. 35). Esse princípio interno de ajuizamento é derivado do princípio fundamental da razão prática: a autodeterminação. Se no plano moral seu uso é constitutivo, no plano estético – e eis aqui um passo importante dado por Schiller em sua interpretação de Kant

– ele se presta a um uso *regulativo*. Na consideração desinteressada e sem conceitos dos objetos, *emprestamos* a eles – regulativamente – o princípio da autodeterminação. A rigor, tudo se passa *como se* o objeto fosse livre. Como autodeterminação rigorosa, a liberdade consiste assim não apenas no fundamento da *ação* (moral), mas também no da *contemplação* (estética).

Mas sobre o que repousa a validade universal do prazer cuja comunicação irrestrita é reivindicada pela contemplação estética? "A circunstância de que o belo é meramente *sentido*, e não propriamente conhecido, torna passível de dúvida a dedução da beleza a partir de princípios a priori. Parece que temos de nos contentar com a validade pluralista dos juízos sobre a beleza" (*NA* 21, p. 86; *P*, p. 81). Naturalmente, Schiller – como Kant – não se contenta com tal "validade pluralista", embora deduza o juízo de gosto mediante aquela extensão do uso da razão prática à esfera da contemplação.

> Os fenômenos naturais são ou bem *observados* ou bem *contemplados* por nós; mas apenas a *contemplação* diz respeito à beleza. A *sensibilidade* oferece o múltiplo; a *razão* oferece a forma. A razão une representações para o *conhecimento* ou para a *ação*. A razão é *teórica* e *prática*. A liberdade dos fenômenos é o objeto do *ajuizamento* estético. A liberdade de uma coisa no fenômeno é a sua autodeterminação, na medida em que ela recai sobre os sentidos. O ajuizamento estético exclui toda referência à conformidade a fins objetiva e à conformidade a regras, e se dirige meramente ao fenômeno; um fim e uma regra nunca podem aparecer. Uma forma aparece então *livremente* se ela se explica a si mesma, não sendo necessário que o entendimento reflexionante saia em busca de um fundamento fora dela. O moral é *conforme* à razão; o belo é *similar* à razão. (*NA* 21, p. 86-87; *P*, p. 81)

Porque desoneradas de suas funções cognitivas, as faculdades de conhecimento jogam livremente umas com as outras na comunicação universal do prazer suscitado pela contemplação do objeto. "As sensações a serem admitidas como universalmente comunicáveis encontram-se sob condições subjetivas internas que têm de ser necessariamente comuns a todos os homens" (*NA* 21, p. 69; *P*, p. 38). Por isso o juízo de gosto é ao mesmo tempo empírico e a priori.

Em primeiro lugar, ele é *empírico*, na medida em que algo é proferido acerca de um objeto dado pela experiência; contudo, é a priori, na medida em que uma validade universal, uma comunicabilidade universal do prazer é proferida sobre o objeto. A rigor, ajuizamos o objeto belo por um sentimento de prazer; somente este se une inicialmente, não com a sensação dos sentidos, e sim com a reflexão. O sentimento de prazer pressupõe um estado do ânimo válido a priori. Tão logo estamos conscientes de nenhuma fonte *material* do nosso prazer, sua fonte tem de ser *formal* e, portanto, o prazer tem de ser universalmente comunicável: nós nos comportamos então em face do objeto como *homens em geral*. A razão pela qual afirmamos que o objeto tem de aprazer *universalmente* está presente antes de toda experiência; nós invocamos um *sentido comum estético*. Um tal sentido comum pode ser pressuposto e é pressuposto enquanto atribuímos aos outros uma faculdade de sentir semelhante. (*NA* 21, p. 80; *P*, p. 64)

Com Kant – e contra Kant – Schiller, porém, estende a dedução do juízo de gosto aos próprios objetos. Em outras palavras, sua busca de um princípio objetivo do gosto implica a demonstração de que existe algo nas coisas que nos coage a representá-las como livres, mobilizando o uso regulativo da razão prática. Segundo Schiller, o que assim nos coage é a *técnica* do objeto, seu princípio de individuação. Embora em sua técnica o objeto remeta à sua conformidade a regras e a fins, a consideração estética, sendo desinteressada e sem conceitos, não carece de tal remissão. À mera forma da conformidade a fins corresponde o movimento da busca de uma regra que permanece indeterminada. As faculdades de conhecimento jogam livremente umas com as outras. Nisso consiste o prazer da reflexão estética, cuja comunicação universal é exigida pela contemplação. A reflexão é o movimento pelo qual subsumimos um objeto sob o universal "beleza" – um universal que não se deixa determinar, mas que pode ser incessantemente mostrado através de exemplos. Quando dizemos que algo é belo, tomamos o objeto como um *exemplo* desse universal. A reflexão estética é, portanto, um movimento de exemplificação.

Na exigência de Kant, segundo a qual a natureza deve *aparecer* como arte e esta como natureza, Schiller encontrava a chave da função da técnica, ao mesmo tempo em que a voltava contra Kant, que admitia apenas um princípio subjetivo para o gosto. A técnica do objeto se deixa perceber em sua conformidade a uma natureza que se manifesta como arte e a uma arte que se manifesta como natureza: ela mobiliza a totalidade das faculdades do ânimo, liberando-as de suas funções cognitivas. Em sua conformidade técnica à natureza e à arte, o objeto como que se põe diante de nós em sua liberdade porque não mais é colhido por nós segundo um interesse teórico ou prático.

> A observação da conformidade a regras não é natural em todos os objetos e detém a liberdade da natureza naqueles aos quais ela [a conformidade a regras] não pertence. A conformidade a regras não pode, pois, valer como o conceito fundamental universal da beleza, mas sim a *liberdade*, ou seja, a qualidade determinada pela natureza de uma coisa mesma. *Kant* diz: A arte é bela se ela se parece com a natureza, e vice-versa. (*NA* 21, p. 81; *P*, p. 66)

A liberdade, dirá Schiller, é o "fundamento imediato da beleza", mas a técnica é a sua "condição mediata": "O *fundamento* da liberdade adjudicada ao objeto encontra-se, pois, *nele* mesmo, embora a *liberdade* se encontre apenas na razão" (*NA* 26, p. 208-209; *K*, p. 91).

2. A beleza como a liberdade no fenômeno

A razão teórica e a razão prática – cujos domínios não se confundem, pois estão submetidos a legislações distintas – podem contudo aplicar suas formas tanto ao que existe por natureza quanto ao que existe por liberdade. Quando a razão prática aplica sua forma ao que existe por natureza, ela procede do mesmo modo que a razão teórica ao aplicar sua forma ao que existe por liberdade:

Empresta ao objeto (regulativamente, e não constitutivamente, como no ajuizamento moral) uma faculdade de determinar a si mesmo, uma vontade, e o considera em seguida sob a forma desta vontade *dele* (e não da vontade *dela*, pois senão o juízo tornar-se-ia um juízo moral). (...) Pois bem, se na consideração de um ser natural a razão prática descobre que ele é determinado por si mesmo, então ela lhe atribui (como a razão teórica, no mesmo caso, concede *similaridade à razão* a uma intuição) *similaridade à liberdade* (*Freiheitsähnlichkeit*) ou, numa palavra, *liberdade*. Mas porque esta liberdade é apenas emprestada pela razão ao objeto, *como nada pode ser livre a não ser o suprassensível, e a liberdade mesma como tal nunca pode cair sobre os sentidos* – numa palavra – como se trata aqui apenas de que um objeto *apareça* como livre, e não que o *seja* efetivamente: então esta analogia de um objeto com a forma da razão prática não é liberdade de fato, e sim meramente *liberdade no fenômeno, autonomia no fenômeno*. (*NA* 26, p. 181-182; *K*, p. 58-59)

A beleza encontra-se na esfera da razão prática; mas, como vimos, a experiência estética mobiliza a razão prática enquanto a desonera dos imperativos da ação, liberando-a para a mera *contemplação*.

Um ajuizamento de efeitos livres (ações morais), segundo a forma da vontade pura, é moral; um ajuizamento de efeitos não-livres, segundo a forma da vontade pura, é estético. (...) o acordo de uma ação com a forma da vontade pura é a *eticidade*. A analogia de um fenômeno com a forma da vontade pura ou da liberdade é a *beleza* (no seu significado mais amplo). A beleza não é, pois, outra coisa senão liberdade no fenômeno. (*NA* 26, p. 182-183; *K*, p. 59-60)

Contra Kant, Schiller eleva a estética à esfera da razão mediante a introdução de um uso regulativo para a razão prática. Em outras palavras, a consideração estética dos fenômenos é precisamente o que o uso regulativo da razão prática torna possível. Não creio que Schiller tenha confundido os limites entre as esferas moral e estética, nem submetido esta àquela, e sim mostrado de modo convincente, segundo os meios de que dispunha, que as esferas da ação e da contemplação são, por assim dizer, os dois modos da liberdade.

3. A técnica como condição objetiva da beleza

Em sua resposta, Körner argumenta que o princípio de Schiller é ainda "meramente subjetivo", pois, como a ideia de autonomia, na qual ele se funda, "é *acrescentada em pensamento* ao fenômeno dado", a pergunta principal permanece pendente: "se não é possível conhecer *nos objetos* as condições sobre as quais se baseia este acrescentar em pensamento da autonomia" (*NA* 34.I, p. 228; *K*, p. 62). Nas cartas seguintes, Schiller admite a objeção de Körner, formulando em duas etapas o problema que resta a ser resolvido:

> Tenho, pois, duas coisas a mostrar: *em primeiro lugar*, que aquilo de objetivo nas coisas, pelo que elas são postas no estado de aparecer como livres, é justo também aquilo que, se está presente, lhes confere beleza (...). *Em segundo lugar,* cabe demonstrar que a liberdade no fenômeno traz necessariamente consigo um tal efeito sobre a faculdade de sentir, um efeito que é inteiramente igual àquele que encontramos ligado à representação do belo. (*NA* 26, p. 199-200; *K*, p. 81)

Vejamos como Schiller resolve o primeiro problema, já que ele mesmo observa que não poderá tratar do segundo. Nossa representação da liberdade no objeto "tem de ser *necessária,* pois nosso juízo do belo contém necessidade e *exige* o assentimento de qualquer um. (...) Pois bem, para isso é exigido que o objeto mesmo, mediante sua propriedade objetiva, nos convide, ou antes nos obrigue a notar nele a qualidade de não-ser-determinado-do-exterior (...)" (*NA* 26, p. 201; *K*, p. 83).

Como todo ser determinado, ele há de ter o que lhe determina. Posto que a faculdade de conhecimento que busca o determinante para o determinado é o entendimento, ele não pode estar fora de ação. No entanto, o entendimento é concernido apenas pela *forma* do objeto, buscando a regra que lhe corresponde. Como o ajuizamento é estético – e não lógico –, o entendimento não se aplica ao conhecimento dessa regra, "pois o conhecimento da regra destruiria toda aparência da liberdade, como é realmente o caso em toda estrita conformidade a regras" (*NA* 26, p. 201-202; *K*, p. 84). É, pois, suficiente e necessário que a regra permaneça indeterminada.

> Uma forma que se deixa tratar segundo uma regra chama-se conforme à arte ou *técnica*. Apenas a forma técnica de um objeto provoca o entendimento a procurar o fundamento para a consequência e o determinante para o determinado; e na medida que uma tal forma desperta a necessidade de perguntar por um fundamento da determinação, assim a negação do *ser-determinado-do-exterior* leva aqui de modo inteiramente necessário à representação do *ser-determinado-do-interior* ou da liberdade. A liberdade só pode ser sensivelmente *apresentada* com o auxílio da técnica (...). Disso resulta, pois, uma segunda condição fundamental do belo, sem a qual a primeira seria meramente um conceito vazio. Liberdade no fenômeno é, a saber, o fundamento da beleza, mas a *técnica* é a condição necessária da nossa *representação* da liberdade. (...) Se unirmos ambas as condições fundamentais da beleza e da representação da beleza, segue-se disto a seguinte explicação: Beleza é natureza na conformidade à arte. (*NA* 26, p. 202-203; *K*, p. 84-85)

É preciso elucidar o que Schiller entende aqui por *natureza*, pois trata-se de uma concepção *estética* de natureza. Num giro um tanto surpreendente, ele adverte:

> A expressão *natureza* me é mais cara que *liberdade* porque ao mesmo tempo designa o campo do sensível sobre o qual o belo se limita e, ao lado do conceito da *liberdade*, indica a esfera desta no mundo sensível. Diante da técnica, a *natureza* é o que é por si mesma; arte é o que é através de uma regra. *Natureza na conformidade à arte* é o que dá a regra a si mesmo – o que é através de sua própria regra. (Liberdade na regra, regra na liberdade.) Se digo: *a natureza da coisa: a coisa segue sua natureza, se determina através de sua natureza*: assim oponho aqui a natureza a tudo aquilo que é diferente do objeto, ao que no mesmo é observado como meramente contingente e pode ser desconsiderado sem que sua essência seja ao mesmo tempo suprimida. (*NA* 26, p. 203; *K*, p. 85)

Em sua acepção estética, a natureza da coisa é a sua individualidade, a "pessoa da coisa". Em outras palavras, ela é o princípio de individuação estético, o "princípio interno da existência numa coisa, considerado ao mesmo tempo como fundamento de sua forma; *a necessidade interna da forma*. A forma tem de ser ao mesmo tempo autodeterminante e autodeterminada no sentido mais próprio; tem de haver aí não mera autonomia, e sim heautonomia" (*NA* 26, p. 207; *K*, p. 90).

A natureza na conformidade à arte é "a pura concordância da essência interna com a forma, *uma regra que é ao mesmo tempo dada e seguida pela coisa mesma*" (*NA* 26, p. 208; *K*, p. 90). Enquanto a natureza (em sentido físico) nos apresenta antes de tudo corpos dotados de uma massa específica e submetidos à lei universal da gravidade, a natureza (em sentido estético) nos oferece esses mesmos corpos numa relação específica entre as suas massas e as suas formas. A beleza, dirá Schiller, se manifesta precisamente quando a forma triunfa sobre a massa e a gravidade. "A força da gravidade está para a força viva do pássaro aproximadamente do mesmo modo que a *inclinação* – em determinações puras da vontade – está para a razão legisladora" (*NA* 26, p. 205; *K*, p. 88). A heautonomia é uma propriedade rigorosamente objetiva, já que subsiste no objeto mesmo quando abstraímos do sujeito, mas não se confunde com um "em si", uma vez que é subjetivamente mediatizada. A beleza é uma síntese das determinações objetiva e subjetiva. "A razão é sem dúvida necessária para fazer um tal uso da qualidade objetiva das coisas, como é o caso em se tratando do belo. Mas esse uso subjetivo não suprime a objetividade do fundamento (...). O *fundamento* da liberdade adjudicada ao objeto encontra-se, pois, *nele* mesmo, embora a *liberdade* se encontre apenas na razão" (*NA* 26, p. 208-209; *K*, p. 91). Enquanto a liberdade é o "fundamento imediato" da beleza, a técnica é sua "condição mediata": "A técnica contribui para a beleza apenas na medida em que serve para suscitar a representação da liberdade" (*NA* 26, p. 209; *K*, p. 92). Vejamos agora esse problema na esfera específica da arte.

4. Estilo e maneira

Um objeto é "livremente apresentado" "quando é posto diante da imaginação como determinado por si mesmo" (*NA* 26, p. 223; *K*, p. 111). O belo artístico consiste numa imitação da natureza num *medium* materialmente distinto. "*Imitação*", diz Schiller, "é a semelhança formal do materialmente diferente" (*NA* 26, p. 223; *K*, p. 111). Que se pense, por exemplo, na relação entre o mármore e o cavalo nele esculpido.

A natureza do objeto é, pois, representada na arte, não em sua personalidade e individualidade, e sim através de um *medium* que, por sua vez, a) tem sua própria individualidade e natureza, b) depende do artista, que deve ser considerado como uma natureza própria. (...) Estão, pois, aqui três naturezas que lutam umas com as outras. A natureza da coisa a apresentar, a natureza do material da apresentação e a natureza do artista, que deve fazer com que aquelas duas concordem. (*NA* 26, p. 223-224; *K*, p. 112)

Na luta entre essas três naturezas deve prevalecer a natureza do imitado, ou seja, sua autonomia, seu ser-determinado-do-interior. Livremente apresentado é, portanto, apenas o objeto cuja natureza não foi determinada desde fora pelo artista ou pelo material. Como a matéria pode receber apenas a forma do objeto imitado, é necessário que a forma submeta inteiramente a matéria. Do contrário, a liberdade da apresentação é perdida e, com ela, a liberdade na aparência, ou seja, a beleza. Mediante um simples e útil exemplo, Schiller caracteriza as três situações típicas possíveis do embate entre a natureza do imitado, o material e o artista, introduzindo assim dois conceitos fundamentais para o ajuizamento objetivo do belo artístico: os conceitos de maneira e de estilo.

> Se num desenho há um único traço que torna reconhecíveis a pena ou o lápis, o papel ou a chapa de cobre, o pincel ou a mão que o realizou, então ele é *rígido* ou *pesado*; se nele é visível o *gosto peculiar* do artista, a natureza do artista, então ele é *amaneirado*. Se fere a mobilidade de um músculo (numa gravura em cobre) pela rigidez do metal ou pela mão pesada do artista, então a apresentação é feia, pois não foi determinada pela ideia, e sim pelo *medium*. (...) O oposto da *maneira* é o *estilo*, que nada mais é do que a suprema independência da apresentação perante todas as determinações subjetiva e objetivamente contingentes. (*NA* 26, p. 225; *K*, p. 114)

O *estilo* é a mais alta determinação do belo artístico, na medida em que incarna a beleza como uma qualidade objetiva. Se a busca de um critério objetivo do belo implica a determinação de um fundamento *in re*; se esta determinação pode ser concebida como uma dedução da obra de arte, como uma resposta à pergunta sobre o direito com que um objeto artístico ergue para a si uma pretensão de validade estética tal que deva esperar o assentimento de todos, então essa pretensão de validade estética universal e necessária não é outra coisa senão uma pretensão à rigorosa objetividade do estilo.

> *Pura objetividade* da apresentação é a essência do bom estilo: o princípio supremo das artes. "O estilo está para a maneira como o modo de agir a partir de princípios formais está para um modo de agir a partir de máximas empíricas (princípios subjetivos). O estilo é uma completa elevação sobre o contingente rumo ao universal e necessário." (...) O grande artista, poder-se-ia então dizer, nos mostra o objeto (sua apresentação tem objetividade pura), o medíocre mostra-se a si mesmo (sua apresentação tem subjetividade), o mau, sua matéria (a apresentação é determinada pela natureza do *medium* e pelos limites do artista). (*NA* 26, p. 225-226; *K*, p. 114)

5. Beleza: uma cidadã de dois mundos

Essa guinada do subjetivo ao objetivo, saudada por Hegel como um passo decisivo para a constituição da estética (Hegel, 2001, p. 78-80), rompe assim os limites de uma *crítica* do gosto rumo a uma *doutrina* do belo, na qual Schiller viu o espaço para uma "nova teoria da arte" (*NA* 26, p. 184; Schiller, 2009, p. 56). A opinião dominante entre os comentadores é a de que Schiller fracassou em sua tentativa de uma dedução objetiva do belo, do gosto e da arte (Henrich, 1956, p. 527-547; Strube, 1997; Latzel, 1961; Taminiaux, 1967, p. 73-87). No entanto, mais interessante que a pergunta sobre o sucesso ou insucesso de Schiller é – como creio – a possibilidade de uma reflexão sobre reformulação do problema que lhe subjaz.

Com e contra o universalismo estético subjetivo de Kant, o que está em jogo no esforço de Schiller para oferecer um princípio objetivo do belo e do gosto é o problema da *validade intersubjetiva* – universal e necessária – aspirada tanto pelo juízo como *também* pelo objeto. O problema da fundamentação da estética se transforma quando se transita do âmbito no qual Kant e Schiller permaneceram à esfera da comunicação; ou seja, quando se transita da análise das condições universais e necessárias do conhecimento possível à análise das condições universais e necessárias do entendimento possível. Se tomarmos os juízos estéticos como atos de fala cujas pretensões de validade representam uma tomada de posição perante as pretensões de validade estética erguidas pelas obras de arte, o eixo da investigação se desloca: já não mais se trata (como para Kant) de uma "analítica da faculdade de juízo estética", nem da busca de princípio objetivo para o belo (como para Schiller), e sim de uma análise pragmático-linguística da comunicação estética. Mas estaria essa transformação pragmático-linguística da "analítica da faculdade de juízo estética" em condições de reformular a problemática kantiana da dedução do juízo de gosto? Creio que sim – e por um argumento análogo ao de Kant. Pois se Kant entende que essa pretensão se funda meramente sobre as condições formais requeridas para a possibilidade de um conhecimento em geral, condições que ele explicita recorrendo à ideia de um "sentido comum", penso que a pretensão ao assentimento de todos radica-se nas condições formais, universais e necessárias, para a produção de um acordo em geral, condições a partir das quais o gosto se deixa ver como uma espécie de *sensus communis* constituído pelo uso da linguagem voltado para o entendimento. Assim tomado, o *sensus communis* remete à ideia reguladora de uma comunidade ilimitada de comunicação, entendida como uma comunidade de leitores, ouvintes, espectadores e autores, perante a qual *também* as obras erguem sua pretensão de validade estética com vistas a um reconhecimento universal.

A pragmática da linguagem é uma teoria normativa sobre as condições universais e necessárias do entendimento possível. Se se admite que o consenso habita a linguagem como o seu *telos*, cabe à pragmática explicitar as condições em que isso *deve* ocorrer, ainda que não ocorra. A pretensão ao assentimento de todos erguida por uma pretensão de validade à verdade, à correção normativa ou à beleza possui um caráter incondicional. Verdade, correção normativa e beleza são pretensões de validade "incondicionais" pois, embora fundamentadas por justificações, transcendem essas justificações na medida mesma em que as justificações apresentadas em cada caso para o que se pretende como verdadeiro, correto ou belo são criticáveis em nome da verdade, da correção normativa ou da beleza. Verdade, correção normativa e beleza são, pois, "ideias" que se impõem com a força de um "imperativo". "Ideias" porque são objeto de uma aproximação infinita pelos discursos reais, sempre falíveis e inervados desde dentro pela dialética de identidade e não identidade de validade e justificação; "imperativos" porque não são simples conceitos empíricos, mas princípios constitutivos e regulativos do uso da linguagem voltado para o entendimento. É nesse sentido que a analogia feita por Schiller entre o estilo como o princípio supremo das artes e a lei moral como o princípio supremo da ação dá a dimensão exata do belo como um *imperativo*.

> O belo não é um conceito da experiência, mas antes um imperativo. Ele é certamente objetivo, mas apenas como uma tarefa necessária para a natureza sensível e racional; na experiência efetiva, porém, ela permanece habitualmente não satisfeita (...). É algo inteiramente subjetivo se sentimos o belo como belo, mas isso deveria ser objetivo. (*NA* 27, p. 71)

Embora sempre enraizados em contextos particulares, as obras de arte e os juízos sobre elas transcendem seus contextos de origem, dirigindo-se a um público ideal – ou a uma comunidade de comunicação ideal. "A beleza deve, pois, ser vista como a cidadã de dois mundos, pertencendo a um por *nascimento* e ao outro por *adoção*; ela recebe sua existência na natureza sensível e *adquire* no mundo da razão o direito de cidadania" (*NA* 20, p. 260). Se a beleza é uma cidadã de dois mundos, é porque de fato recebe sua existência no mundo sensível, embora só obtenha seu direito de cidadania quando sua pretensão ao reconhecimento é referida a uma comunidade de comunicação ideal como o horizonte de sua validade.[12]

---

12. Ver Barbosa (1999; 2002; 2003a; 2003b; 2004; 2006; 2007). Referências completas na página 186.

AS TRÊS NATUREZAS
Schiller e a criação artística

I

Em se tratando de um autor como Schiller e de um tema como a criação artística, as possibilidades de abordagem se multiplicam. Gostaria de apontar brevemente ao menos quatro dessas possibilidades e, em seguida, concentrar-me numa quinta, à qual o título deste trabalho se refere. Como veremos, Schiller entendeu a criação artística como uma luta entre três naturezas.

Entre aquelas quatro possibilidades de abordagem que gostaria de apontar brevemente, poderíamos começar perguntando sobre como Schiller viu a criação artística sob a perspectiva dos seus efeitos formativos sobre o homem e a sociedade. Isso nos levaria ao encontro de suas reflexões sobre a cultura estética e a educação estética do homem (Barbosa, 2004b). Segundo Schiller, elas seriam as condições imprescindíveis para o resgate da promessa de liberdade que a Revolução Francesa fizera ao mundo, mas traíra ao afogá-la no sangue derramado pelo terror revolucionário. A correspondência de Schiller com o Príncipe de Augustenburg entre fevereiro e dezembro de 1793 (Schiller, 2009), da qual resultaram as cartas *Sobre a educação estética do homem* (1794-1795), sua obra filosófica mais importante e famosa, são as principais fontes em que encontramos o problema da criação artística tratado à luz de suas implicações culturais, morais e políticas.

Por outro lado, poderíamos perguntar sobre como Schiller compreendeu a especificidade da literatura moderna. Nesse caso, nossa atenção estaria voltada para como ele discutiu o problema da criação artística tendo como pano de fundo um diagnóstico do presente – portanto da modernidade nascente – esboçado em contraste com sua visão da exemplaridade do mundo grego. Teríamos então a posição de Schiller diante de um problema já levantado por Winckelmann e vivamente discutido por Lessing – o problema da imitação dos antigos pelos modernos – e, assim, uma visão mais clara dos princípios centrais do classicismo que Schiller e Goethe defenderam juntos. Entre as fontes mais interessantes para a abordagem do problema da criação artística sob esse aspecto está o tratado de Schiller *Sobre poesia ingênua e sentimental* (1796) e toda sua correspondência com Goethe.

Através de *ambos* os aspectos ressaltados até agora compreenderíamos também por que devemos a Schiller uma primeira e fecunda aliança entre a estética e a filosofia da história – uma aliança cujo resultado mais importante, e desde então decisivo para toda discussão sobre a arte e a criação, foi a historicização das categorias estéticas. Essa herança foi imediatamente recolhida pelos românticos e por Schelling, encontrando na estética de Hegel sua expressão sistemática mais acabada: a de uma filosofia da história da arte.

Um outro aspecto a ser explorado – o terceiro – seria o de como Schiller viu a criação artística numa hora histórica que seria crucial para o seu destino e cujas consequências extremas presenciamos hoje diariamente pelo assédio da indústria cultural. Refiro-me à emancipação da produção artística de diferentes formas de mecenato e da tutela de poderes religiosos e civis que a condenavam a um regime de heteronomia. Essa emancipação resultou também no ingresso da produção artística no mercado e, com isso, num novo regime de heteronomia, agora marcado pelos interesses dos empresários das artes – como editores e livreiros –, por um público que começa a se comportar como consumidor de bens culturais, pelo nascimento da ambígua instituição da crítica de arte e pela precária profissionalização do trabalho artístico. Como autor e publicista, vivendo não só *para* o trabalho artístico, mas fundamentalmente *deste*, Schiller enfrentou esse conflito com muita lucidez – e uma certa dose de resignação. A nona carta de *Sobre a educação estética do homem* é talvez um dos mais significativos escritos de Schiller em defesa da autonomia da arte e do artista em face dos padrões de gosto sedimentados ao sabor da moda e de interesses adversos.

Um quarto aspecto seria, por assim dizer, o aspecto subjetivo-motivacional, inseparável do elemento estritamente biográfico e psicológico: o de como Schiller viveu o problema da criação artística – o de como esse problema foi para ele um problema vital, um problema "resolvido" a cada obra, mas de tal modo que cada resposta fosse parte da resposta à pergunta sobre que espécie de artista Schiller quis ser como um homem do seu tempo, e que espécie de homem ele quis ser como um artista do seu tempo. Melhor que qualquer biógrafo, foi Thomas Mann quem traçou o perfil de Schiller sob esse ângulo. E não é casual que o fez num conto e nem que o tenha intitulado "Hora difícil". Schiller é retratado aos 37 anos, numa fria madrugada de dezembro no gabinete de trabalho de sua casa em Jena, tenso, muito doente, assolado por dúvidas e expectativas, sem saber como prosseguir no manuscrito de *Wallenstein*. Todo o *pathos* da criação emerge nessa "hora difícil" e, com ele, uma reflexão sobre o *ethos* do escritor, sobre o sentido e o preço de uma vida entregue à literatura.

Relacionei até agora quatro aspectos. O primeiro refere o problema da criação artística à esfera da chamada "razão prática", situando-o sob a constelação histórica da promessa de liberdade anunciada pela Revolução Francesa. O segundo coloca em evidência as peculiaridades da literatura moderna e a figura de Schiller como o autor de uma influente teoria da literatura moderna. O terceiro já nos permitiria ver o problema da criação artística sob o viés histórico-sociológico das tensões entre autonomia e heteronomia da arte e do artista na modernidade nascente, e o caso de Schiller como um caso em boa medida exemplar. O quarto nos coloca diante de como Schiller compreendeu a criação artística como uma missão pessoal revestida de uma significação universal. Como podemos ver agora, esses quatro aspectos remetem uns aos outros de múltiplas maneiras, o que torna uma imprudência tratá-los numa breve exposição como esta. Por isso, decidi enfocar o problema da criação artística de acordo com um outro aspecto, certamente muito ligado aos anteriores, mas que privilegia basicamente três pontos: o modo pelo qual Schiller concebeu o fenômeno da criação artística, suas implicações normativas mais fundamentais de um ponto de vista estético e a especificidade da criação artística literária, o que nos levará às suas reflexões sobre a linguagem e o uso poético da linguagem.

II

Schiller nunca chegou a concluir e publicar um trabalho específico sobre a criação artística no sentido que acabo de destacar. Suas reflexões encontram-se dispersas em sua correspondência – especialmente nas cartas trocadas com Körner e com Goethe –, em ensaios, críticas, prefácios e, a julgar por testemunhos diretos e indiretos, elas também tiveram lugar em seus cursos na Universidade de Jena. Como foi fundamentalmente um escritor, é natural que o problema da criação artística tenha se apresentado a Schiller antes de tudo como um problema prático, com o qual teve de lidar diariamente em seu atelier literário. Mas como Schiller foi também um escritor especialmente dotado para a reflexão filosófica, o problema prático da criação artística, e, sobretudo, o da criação literária, jamais foi tratado por ele como um problema estritamente técnico, e sim como um autêntico problema estético.

Como se sabe, a leitura das obras de Kant, especialmente da *Crítica da faculdade do juízo*, foi o fato mais marcante na formação filosófica de Schiller. Por essa razão – assim como por inesperadas circunstâncias favoráveis a um estudo livre das preocupações que o assolaram continuamente desde que se vira obrigado a sobreviver como escritor profissional, e que lhe arruinaram definitivamente a saúde –, Schiller dedicou-se exclusivamente à atividade filosófica durante cerca de cinco anos. Foi assim que, entre 1791 e 1796, ele escreveu algumas das obras que lhe garantiram um lugar entre os principais pensadores do seu tempo e de todas as épocas, a começar pelas cartas *Sobre a educação estética do homem*.

Gostaria de abordar nosso problema mediante o comentário do que talvez seja a reflexão mais ampla sobre ele legada por Schiller: a sequência final do texto "O belo na arte". Ao que tudo indica, este texto deveria fazer parte de uma obra chamada *Kallias ou sobre a beleza*. Esta obra – que teria a forma de um diálogo à maneira dos diálogos platônicos – jamais foi escrita, embora seus principais problemas tenham sido longamente abordados por Schiller em sua correspondência com Körner entre 25 de janeiro e 28 de fevereiro de 1793 (*NA* 26). O propósito de Schiller nessa obra era o de estabelecer – contra Kant, mas com os meios da filosofia kantiana – um princípio *objetivo* para o belo e o gosto. As reflexões de Schiller sobre o problema da criação artística – apresentadas sob a rubrica "O belo na arte" – são uma conclusão parcial dos seus esforços nesse sentido, pois resultam em dois conceitos pelos quais podemos compreender melhor sua visão da objetividade do belo: os conceitos de *maneira* e de *estilo*, cujas definições são concretizadas mediante exemplos muito esclarecedores.

Schiller caracterizou o fenômeno da criação artística como uma luta entre três naturezas: a natureza do *objeto* a ser figurado, a natureza do *material* a ser utilizado nessa figuração e a natureza do próprio *artista*. Segundo Schiller, a natureza do artista deve fazer com que aquelas duas naturezas concordem, mas a partir de critérios bem definidos. A natureza do objeto a ser figurado e a natureza do material da figuração são em geral tão distintas quanto, para lembrar um exemplo dado pelo próprio Schiller, o mármore que serve de material para o escultor e o cavalo que lhe serve de modelo – e, no entanto, é no mármore que o cavalo deverá ser figurado pelo artista. Todo o problema, para Schiller, estava na possibilidade de vermos o cavalo *no* mármore, e não um simples cavalo *de* mármore. Essa possibilidade certamente depende da competência técnica do artista, embora não se limite a uma questão de técnica. O problema estético que requer uma solução técnica adequada é o problema das condições de possibilidade de uma figuração artística objetiva da realidade, ou seja, da natureza do objeto a ser figurado. Se se admite que a criação artística é uma luta entre três naturezas, então é preciso que a natureza do material e a natureza do artista desapareçam para que a natureza do objeto a ser figurado possa aparecer com toda a sua liberdade, individualidade e personalidade. Voltemos ao cavalo e ao mármore. Não basta apenas que o cavalo não se afigure como um simples cavalo de mármore; é preciso que a escultura esteja livre das idiossincrasias, inclinações e cacoetes expressivos do artista para que possa comunicar-se livremente a todos. Por isso, uma das determinações centrais da objetividade do belo é justamente a sua pretensão de universalidade. O que é belo – assim como o que é verdadeiro e o que é justo – não pode ser belo só para mim – ao que pese toda controvérsia quanto ao que, a cada caso, é ou não considerado belo. O que é belo – assim como o que é verdadeiro e o que é justo – requer o *assentimento* de todos. A objetividade do belo – assim como a do verdadeiro e do justo – é intersubjetiva, implicando assim as exigências de uma experiência publicamente compartilhável.

Schiller definiu a beleza como a liberdade na aparência. Essa definição pode ser melhor compreendida à luz de uma das teses centrais de Kant na *Crítica da faculdade do juízo*. Segundo Kant, a consideração da beleza deve ser desinteressada. Kant não quis dizer com isso que devemos ser indiferentes diante do objeto do nosso prazer estético. Nada disso. Com a tese do desinteresse, Kant quis mostrar que o que consideramos belo não se confunde com o que chamamos de agradável, bom ou perfeito, pois o que é agradável, bom ou perfeito só pode sê-lo porque nos vemos interessados pela sua existência – o que, no caso do bom e do perfeito, também implica que tenhamos um conceito do objeto. Já quando ajuizamos a beleza, deixamos de lado nossas inclinações sensíveis e nossa vontade de conhecer. Tolstoi (1994, p. 35) compreendeu bem o argumento de Kant quando disse que, para ele, o belo seria o objeto de um prazer sem desejo. Não precisamos desejar possuir um objeto nem desejar saber precisamente o que ele é para ajuizá-lo como belo. Em outras palavras, não precisamos possuir a flor que vemos num jardim nem conhecer precisamente suas características como uma espécie vegetal classificada pelos botânicos para ajuizá-la como bela. Por isso o juízo estético puro é desinteressado, ou seja, livre de interesses sensíveis e cognitivos. Quando ajuizamos o belo, tomamos o objeto independentemente das nossas necessidades e interesses. Pomo-nos diante dele, não como um ser determinado por nós, mas como um ser autodeterminado, ou seja, como um ser livre. Eis aqui o que Schiller destacou como essencial na consideração estética da natureza e da arte. Como Kant, Schiller estava convencido de que o único ser na Terra dotado do poder de autodeterminação era o homem. Via Kant, Schiller entendeu a consideração estética como uma atitude na qual, em função do desinteresse que a constitui, emprestamos nosso poder de autodeterminação aos objetos e os vemos como se fossem sujeitos, ou seja, como se fossem seres dotados do poder de autodeterminação – portanto, como seres autônomos, livres. Por isso, Schiller definiu a beleza como a liberdade no fenômeno – ou na aparência. Assim, a natureza do objeto a ser figurado pelo artista é a sua natureza esteticamente concebida. É ela que deve prevalecer sobre a natureza do material utilizado e sobre a própria natureza do artista. Uma obra de arte bem conseguida seria aquela na qual a forma dominou inteiramente a matéria – vemos o cavalo, e não o mármore –, e de tal modo que nela a subjetividade do artista também desapareça – vemos o cavalo, e não, por assim dizer, a mão do escultor.

Foi justamente no contexto dessa consideração sobre a criação artística como uma luta entre três naturezas que Schiller apresentou sua concepção de dois conceitos estéticos centrais: o de *maneira* e o de *estilo*.

> Se num desenho há um único traço que torna reconhecíveis a pena ou o lápis, o papel ou a chapa de cobre, o pincel ou a mão que o realizou, então ele é *rígido* ou *pesado*; se nele é visível o *gosto peculiar* do artista, a natureza do artista, então ele é *amaneirado*. Se fere a mobilidade de um músculo (numa gravura em cobre) pela rigidez do metal ou pela mão pesada do artista, então a apresentação é feia, pois não foi determinada pela ideia, e sim pelo medium. (…) O oposto da *maneira* é o *estilo*, que nada mais é do que a suprema independência da apresentação perante todas as determinações subjetiva e objetivamente contingentes. (*NA* 26, p. 225; *K*, p. 114)

Dentre todas as determinações do belo artístico, o estilo é certamente a mais alta, pois nele se concentra toda a pretensão de objetividade da beleza, colocando-a num plano análogo ao da correção moral de uma ação.

> *Pura objetividade* da apresentação é a essência do bom estilo: o princípio supremo das artes. "O estilo está para a maneira como o modo de agir a partir de princípios formais está para um modo de agir a partir de máximas empíricas (princípios subjetivos). O estilo é uma completa

elevação sobre o contingente rumo ao universal e necessário." (...) O grande artista, poder-se-ia então dizer, nos mostra o objeto (sua apresentação tem objetividade pura), o medíocre mostra-se a si mesmo (sua apresentação tem subjetividade), o mau, sua matéria (a apresentação é determinada pela natureza do medium e pelos limites do artista). (*NA* 26, p. 225-226; *K*, p. 114)

Schiller ainda oferece uma série de exemplos relativos não só à pintura, ao desenho e à escultura, como também ao trabalho do ator. Em todos eles, coloca em evidência o que é próprio ao estilo, contrapondo-o à simples maneira. No entanto, a tarefa torna-se mais difícil quando se trata de refletir sobre o princípio da pura objetividade da apresentação no âmbito da apresentação poética. É precisamente aqui que emerge o problema da linguagem; afinal, ela é a matéria com a qual o poeta tem de lidar. Como toda matéria tem sua natureza própria, sua individualidade e personalidade, cabe agora determinar o que é próprio da linguagem e como ela se ajusta à representação poética.

III

Schiller aborda o problema da linguagem na criação literária partindo do pressuposto de que

> em sua imaginação, o poeta entendeu *verdadeira*, *pura* e *inteiramente* toda a objetividade do seu objeto (*Gegenstand*) – o objeto (*Objekt*) já se encontra *idealizado* (ou seja, transformado em forma pura) diante da sua alma, e trata-se apenas de *apresentá-lo exteriormente*. Para isto é, pois, exigido que esse objeto do seu ânimo não sofra nenhuma heteronomia por parte da natureza do medium no qual é apresentado. (*NA* 26, p. 227; *K*, p. 116)

Portanto, é preciso que o objeto não sofra nenhuma heteronomia por parte das *palavras*, o *medium* do poeta. Mas o que são as palavras? As palavras, diz Schiller, são "signos abstratos para espécies, gêneros, nunca para indivíduos" (*NA* 26, p. 227; *K*, p. 116).

Temos aqui a primeira determinação da linguagem em geral: o caráter abstrato e tendencialmente universal dos signos linguísticos. No entanto, já temos aqui também todo o problema; pois como representar "o caráter mais individual das coisas, suas relações mais individuais e, em suma, toda a peculiaridade objetiva do individual" (*NA* 26, p. 227-228; *K*, p. 116) se os signos linguísticos, pela sua generalidade, são refratários a isso? E não só os signos. Todo o sistema das regras pelas quais formamos frases – a gramática – resiste à tentativa de apresentação das coisas em "suas relações mais individuais", pois a regras gramaticais são de uma universalidade que se sobrepõe aos múltiplos casos singulares. Schiller observa que essas regras "são ajustadas a uma representação individual apenas através de uma operação particular do entendimento" (*NA* 26, p. 228; *K*, p. 117). Embora não nomeie essa operação, trata-se da aplicação das categorias do entendimento para a síntese de representações sensíveis. É significativo o que Kant disse certa vez sobre as categorias: "Elas servem como que apenas para soletrar fenômenos, de modo que se possa lê-los como experiência" (Kant, 1983, v. 5, A 101). Assim, mais do que a gramática de um determinado idioma, o que está em jogo é, por assim dizer, a "gramática" da faculdade de conhecer, as regras segundo as quais – e "desde sempre" – unimos representações. O que Schiller deixa entrever é como a ação do entendimento se traduz na linguagem e os efeitos desta ação para a representação poética. O interesse da imaginação pelo individual é confrontado de tal modo com o interesse do entendimento pelo universal que esse conflito, por força da natureza da linguagem, tende a ser decidido em detrimento do que é visado pela criação poética: a apresentação da "peculiaridade objetiva do individual" (*NA* 26, p. 227-228; *K*, p. 116). "Antes de ser levado diante da imaginação e transformado numa intuição, o objeto a ser apresentado tem, pois, de *tomar um desvio bastante longo* através da região abstrata dos conceitos, no qual perde muito de sua vivacidade (força sensível)" (*NA* 26, p. 228; *K*, p. 117).

A criação poética se apresenta então para Schiller como uma luta com a linguagem na medida mesma em que toda tentativa de uma apresentação da "peculiaridade objetiva do individual" desencadeia uma luta entre a imaginação e o entendimento no seio da própria linguagem.

A *natureza* do medium, do qual o poeta se serve, consiste, pois, "numa tendência para o *universal*", estando por isso em conflito com a designação do individual (que é o problema). A linguagem coloca tudo diante do *entendimento*, e o poeta deve trazer (apresentar) tudo diante da *imaginação*; a arte da poesia quer *intuições*, a linguagem oferece apenas *conceitos*. A linguagem rouba ao objeto, cuja apresentação lhe é confiada, sua sensibilidade e individualidade e imprime nele uma qualidade dela mesma (universalidade), que lhe é estranha. Ela mistura (...) na natureza do que deve ser apresentado, que é sensível, a natureza do elemento da apresentação, que é abstrata, e traz assim heteronomia à apresentação do mesmo. O objeto é, pois, representado à imaginação não como determinado por si mesmo, portanto não como livre, e sim moldado pelo gênio da linguagem, ou é tão-somente trazido diante do entendimento; e, assim, ou ele não é apresentado livremente, ou não é de modo algum apresentado, e sim apenas descrito. (*NA* 26, p. 228; *K*, p. 117-118)

Eis aqui toda a dificuldade. Sua superação, no entanto, deverá ser buscada na própria linguagem.

O poeta não tem em parte alguma nenhum outro meio para apresentar o particular senão a *composição* artificial *do universal*. (...) Se uma apresentação poética deve ser livre, então o poeta tem de *"superar a tendência da linguagem para o universal pela grandeza de sua arte e vencer o material* (palavras e suas leis de flexão e construção) *pela forma* (a saber, pela aplicação da mesma)." A natureza da linguagem (precisamente essa sua tendência para o universal) tem de submergir inteiramente na forma que lhe é dada, o corpo tem de se perder na ideia, o signo no designado, a efetividade no fenômeno. O que deve ser apresentado tem de surgir livre e vitorioso do elemento de apresentação e, apesar de todos os grilhões da linguagem, estar presente em toda a sua verdade, vivacidade e personalidade diante da imaginação. Numa palavra: a beleza da apresentação poética é *"a livre autoação da natureza nos grilhões da linguagem"*. (*NA* 26, p. 228-229; *K*, p. 117-118)[1]

---

1. Como pode ser visto em Bartl (1998, p. 132-134).

Essas reflexões de Schiller podem talvez sugerir uma concepção um tanto "intelectualista" não só do "gênio da linguagem" como também da criação artística poética. Ainda hoje, quando Goethe e Schiller são comparados como poetas, é comum que a espontaneidade de Goethe seja ressaltada contra certa artificialidade, certo excesso "racional" nos versos de Schiller. Fichte (1981, p. 359) chegou mesmo a insinuar que a poesia de Goethe seria plena de "gênio" e "espírito", enquanto a de Schiller permanecia dominada pela "letra". O próprio Schiller confessou que o trato com a teoria estética vinha deixando marcas na espontaneidade de sua fantasia. Numa carta a Körner de 25 de maio de 1792, Schiller se dizia às voltas com Kant, com o desejo de ler Baumgarten e outros autores, mas também instigado pela ideia de trabalhar no *Wallenstein*. No entanto, algo mudara em sua natureza. Referindo-se ao seu próprio senso crítico, que se tornara mais agudo, e talvez mesmo ao estudo da filosofia kantiana, Schiller dizia:

> A crítica tem de me indenizar agora pelos danos que ela me causou, e de fato ela [a crítica] me causou danos; pois a ousadia, o vivo ardor que eu tinha antes ainda que uma regra me fosse conhecida, perdi já há muitos anos. Agora me *vejo criar* e *formar*, observo o jogo do entusiasmo, e minha imaginação se comporta com menos liberdade desde que ela não mais se sabe sem testemunhas. No entanto, se estou no ponto em que a *conformidade à arte* torna-se para mim em *natureza*, como a educação para um homem de bons costumes, então a fantasia também recebe de volta sua liberdade anterior e não se coloca outros limites que não os voluntários. (*NA* 26, p. 141)

Como se vê, a luta que Schiller vinha travando consigo mesmo não era outra senão a luta com e contra a linguagem, vivida por ele em todas as tensões entre a imaginação e o entendimento. Mas vejamos como ele continua o seu relato.

> Frequentemente acontece comigo que eu me envergonhe do *modo de surgimento* dos meus produtos, mesmo dos mais exitosos. Diz-se habitualmente que o poeta tem de estar *pleno* do seu objeto quando escreve. Frequentemente uma única e nem sempre importante dimensão do objeto

me convida a trabalhá-lo, e apenas sob o trabalho mesmo uma ideia se desenvolve a partir da outra. O que me incitou a fazer *Os artistas* estava precisamente riscado quando ele estava pronto. Assim foi com o próprio [Dom] Carlos. Isto parece caminhar algo melhor com o Wallenstein; aqui, a ideia principal foi também o chamamento para a peça. Mas como é possível que num procedimento apoético surja algo excelente? Creio que não é sempre que a viva representação de sua matéria, e sim frequentemente apenas uma *necessidade* de matéria, um ímpeto indeterminado de derramar sentimentos aspirados o que produz as obras do entusiasmo. O elemento musical de um poema paira com muito mais frequência diante de minha alma quando me ponho a fazê-lo do que o claro conceito do conteúdo, sobre o que frequentemente mal estou de acordo comigo. (*NA* 26, p. 141)

Schiller se apercebera disso ao esboçar um poema, "Hino à luz", logo abandonado; mas a clareza com a qual agora via dentro de si não mais o abandonaria, mesmo em suas horas mais difíceis. Talvez Schiller tenha visto mais a sua própria natureza refletida na natureza da linguagem do que a natureza mesma da linguagem, mas nunca a ponto de sacrificar a imaginação aos pés do entendimento. "Entre os talentos do poeta", ele disse, "a imaginação tem de ocupar a posição mais alta" (*NA* 21, p. 85; Schiller, 2004, p. 71). De acordo com isso, o uso poético da linguagem seria uma espécie de defesa do interesse da imaginação em fazer justiça ao individual. A criação poética autêntica estaria assim impregnada por esse desejo de justiça e, por isso mesmo, sempre às voltas com o sentido trágico desse desejo, pois a tragédia da linguagem estaria em que o singular só se deixa dizer pelo universal, pelo que nunca é propriamente dito, embora deva aceder à expressão pela força mesma da aparência estética. "A tendência à universalidade, a qual subjaz à natureza de sua linguagem resistente à individualidade, é algo que o poeta tem de procurar ultrapassar para que o apresentado apareça em sua verdadeira *singularidade* (*Eigenthümlichkeit*)" (*NA* 21, p. 83-84; Schiller, 2004, p. 69). Na tragédia da linguagem estaria assim inscrita uma utopia insistentemente perseguida pelo poeta em sua luta com e contra a linguagem: a utopia de salvar pela linguagem o que ela mesma sacrifica – portanto, a utopia de ultrapassar a linguagem pela própria linguagem.

Por um lado, essa utopia visaria uma expressão linguística que facultasse uma intersubjetividade plena, ligando intimamente os indivíduos uns com os outros, como se lê num dístico das *Tabulae votivae* chamado "Linguagem": "Por que o espírito vivo não pode aparecer ao espírito! / Se a alma *fala*, ah! então já não mais fala a *alma*". E no dístico seguinte, "Aos poetas", lê-se: "Deixe que a linguagem seja para ti o que o corpo é para os amantes; / ele é apenas o que separa os seres e o que reúne os seres" (*NA* 1, p. 302).[2] O mesmo motivo retorna nesses versos: "Pena que o pensamento / tenha primeiro de decompor-se em elementos mortos / na linguagem, que a alma tenha de esvair-se em esqueleto / para aparecer para a alma; / dê-me, amigo, o espelho fiel que *totalmente* / acolhe meu coração e *totalmente* o reflete" (*NA* 28, p. 179).[3]

Por outro lado, a utopia de salvar pela linguagem o que ela mesma sacrifica é mantida pelo impulso de dar a palavra às coisas em sua individualidade, como que chamando-as pelo seu nome próprio. Esse motivo – a nostalgia do nome – reapareceria nas reflexões de Benjamin e Adorno sobre a linguagem. Mas enquanto essas viriam impregnadas pela herança da mística judaica, o que encontramos em Schiller é a expressão dos princípios classicistas que compartilhava com Goethe. Se é impossível apresentar o individual, como ainda sustentar que o estilo – a "*pura objetividade* da apresentação" – possa ser o princípio supremo das artes? Em "Sobre simples imitação da natureza, maneira e estilo" (1789), Goethe antecipou-se a Schiller na definição desses conceitos e na solução daquele problema. O estilo, escreveu Goethe (1998, vol. 12, p. 34), é "o grau supremo que a arte jamais alcançou e jamais pode alcançar". Lida de acordo com o espírito do idealismo transcendental

---

2. "Warum kann der lebendige Geist dem Geist nicht erscheinen! / *Spricht* die Seele so spricht ach! schon die *Seele* nicht mehr." – "Laß die Sprache dir seyn, was der Körper den Liebenden; er nur / Ists, der die Wesen trennt und der die Wesen vereint."
3. Carta a W. von Humboldt, Jena, 1º de fevereiro de 1796. "O schlimm, daß der Gedanke / Erst in der Sprache todte Elemente / Zerfallen muß, die Seele zum Gerippe / Absterben muß, der Seele zu erscheinen; / Den treuen Spiegel gieb mir, Freund, der *ganz* / Mein Herz empfängt und *ganz* es wiederscheint."

de Schiller, a advertência de Goethe contém a chave da "solução" da trágica aporia da linguagem poética: o que a arte jamais alcançou e jamais poderá alcançar – a figuração da "peculiaridade objetiva do individual" – não é algo a que ela deva renunciar, e sim *aproximar-se* infinitamente. O princípio supremo das artes é uma ideia reguladora e, como tal, a expressão de uma *tarefa infinita* a ser realizada no *medium* da linguagem. É precisamente em conexão com o princípio do estilo e o seu *Sollen* que a concepção da beleza como um imperativo, a objetividade do gosto e a própria criação artística como uma luta entre três naturezas se deixam ver com mais clareza.

> O belo não é um conceito da experiência, mas antes um imperativo. Ele é certamente objetivo, mas apenas como uma tarefa necessária para a natureza sensível e racional; na experiência efetiva, porém, ela permanece habitualmente não satisfeita (...). É algo inteiramente subjetivo se sentimos o belo como belo, mas isto deveria ser objetivo. (*NA* 27, p. 71)

Na luta entre as três naturezas, seria este o seu desfecho ideal.

SOBRE O SUBLIME TEÓRICO EM SCHILLER
e o espírito trágico do idealismo transcendental

> *"O objeto sublime é de uma dupla espécie. Nós o referimos ou bem à nossa 'faculdade de apreensão (Fassungskraft)' e somos derrotados na tentativa de dele formar uma imagem ou um conceito, ou bem o referimos à nossa 'faculdade vital (Lebenskraft)' e o consideramos como um poder contra o qual o nosso desaparece no nada. Contudo, embora tanto neste quanto naquele caso ele nos incite o penoso sentimento dos nossos limites, não fugimos dele, e sim somos antes atraídos por ele com irresistível violência. (...) Nos comprazemos com o sensivelmente infinito porque podemos pensar o que os sentidos não mais apreendem e o entendimento não mais compreende. Somos entusiasmados pelo terrível porque podemos querer o que os impulsos detestam e rejeitar o que eles desejam. De bom grado deixamos a imaginação encontrar o seu mestre no reino dos fenômenos, pois finita é somente uma força sensível que triunfa sobre uma outra sensível, mas a natureza, em toda a sua ausência de limites, não pode atingir o absolutamente grande em nós próprios. De bom grado submetemos à necessidade física o nosso bem-estar e a nossa existência, pois isto nos lembra precisamente que os nossos princípios não estão sob o seu comando. O homem está nas mãos dela, mas a vontade do homem está nas dele."*
>
> F. Schiller (*NA* 21, p. 42-43)

De acordo com Platão (*Teet.* 155 d 2-5), o que nos incita ao pensamento é o *thaumázein* (θαυμάζειν), o *espanto* diante da harmonia da *physis* em sua totalidade.[1] A disposição afetiva – a *Stimmung* – que impregnaria todo o impulso ao pensamento estaria assim radicada numa

---

1. Sobre a harmonia da *physis* em sua totalidade como objeto do espanto, ver Arendt (1992, p. 108-515; 1972, p. 156). Para um amplo histórico do termo e das expressões tradicionalmente associadas aos seus usos, ver Jain e Trappe (1971-2007, vol. 10, col. 116-26); Barck (2010, vol. 6, p. 730-73). Ver também as reflexões de Tugendhat (2004), particularmente o último capítulo: "Asombro".

experiência que poderia ser descrita como uma experiência *estética*. Quando consideramos essa experiência entre os gregos, ela parece mesclar traços de beleza e de sublimidade. Uma hipótese a examinar seria a de que se o elemento da beleza predomina nessa experiência, pois na medida em que ela se estende ao *kosmos*, ela recai sobre um domínio que, embora imenso, era tido como *fechado* sobre si mesmo. A revolução científica do século XVII arruinou inteiramente o modelo cosmológico dos antigos (Koyré, 1979), mas não as razões do espanto. Pode-se dizer que à moderna imagem da natureza corresponde um novo espanto – um espanto *sublime*, pois seu objeto já não é mais o *kosmos* como um mundo fechado, e sim o universo *infinito*. Sabemos como Pascal reagiu à nova imagem da natureza: ele se disse apavorado com o silêncio dos espaços infinitos (Pascal, 1936, 91 (206), p. 848). Esse sentimento de desconforto expressa um aspecto significativo da visão trágica do mundo que emerge no pensamento moderno:[2] a convicção da perda da totalidade – ou de que ela se tornara inatingível –, associada a uma sóbria tomada de consciência dos limites do conhecimento humano. Esse motivo ecoaria fortemente no idealismo transcendental de Kant (I), atingindo sua expressão mais pregnante nas reflexões de Schiller sobre o sublime. Schiller reformulou a concepção kantiana do sublime distinguindo entre o sublime teórico e o sublime prático. Sua originalidade se deixa ver especialmente no desenvolvimento da teoria do sublime prático, com a distinção entre o sublime contemplativo do poder e o sublime patético, característico da arte trágica. Contudo, a teoria do sublime *teórico* pode ser desenvolvida em sentido análogo, resultando na distinção entre o sublime teórico-contemplativo das grandezas e o sublime propriamente metafísico (II). Por sua vez, o sublime metafísico pode ser compreendido em conexão com o clássico

---

2. Que se pense nos trabalhos de Goldmann (1945; 1955). A versão francesa do trabalho de 1945 foi preparada pelo próprio autor (*La communauté humaine et l'univers chez Kant*. Paris: PUF, 1948) e republicada em formato de bolso com um novo prefácio e um novo título (*Introduction à la philosophie de Kant*. Paris: Gallimard, 1967). A tradução brasileira (*Origem da dialética. A comunidade humana e o universo em Kant*. Rio de Janeiro: Paz e Terra, 1967) seguiu essa edição.

motivo filosófico do *espanto* (III) e considerado como especialmente representativo do "espírito" trágico do idealismo transcendental (IV).

I

Ao contrário de Schiller, Kant não perguntou pela natureza do trágico, mas o "espírito"[3] de sua filosofia é permeado por uma visão trágica do homem e do mundo. Essa visão trágica já se mostra, antes de tudo, no que Kant descreveu como o *destino* da razão em meio àquela sorte de problemas chamados *metafísicos*. Em 1791, a Academia Real de Ciências de Berlim incitou os filósofos a responderem sobre se a metafísica fizera progressos na Alemanha desde a época de Leibniz e Wolff. Em seu esboço de resposta, Kant se refere à metafísica nos seguintes termos:

> É um mar sem margens no qual o progresso não deixa vestígio algum e cujo horizonte não encerra nenhuma meta visível pela qual seja possível perceber até que ponto dela nos aproximamos. – Em vista desta ciência, que quase sempre existiu apenas na ideia, a tarefa proposta é muito árdua e quase unicamente se pode duvidar da possibilidade da sua solução; e, mesmo que se conseguisse alcançar, a condição prescrita ainda aumenta mais a dificuldade de expor concisamente os progressos que ela fez. Com efeito, a metafísica é, segundo a sua essência e intenção última, um todo completo: ou nada ou tudo; o que se exige para o seu fim último não pode, pois, como acontece na matemática ou na ciência natural empírica, que progridem sempre indefinidamente, ser tratado de modo fragmentário. (...) A primeira e mais necessária questão é esta: o que é que a razão pretende realmente com a metafísica? Que fim último visa ela na sua elaboração? Efetivamente, é o grande fim último, talvez o maior, mais

---

3. Em suas reflexões antropológicas sobre a "originalidade da faculdade de conhecer" – ou sobre o "gênio" –, Kant referiu-se ao "espírito" (*Geist*) como "o princípio *vivificador* no ser humano" (Kant, 2006, p. 122; Ak. A. 7, 225). Essa determinação do conceito de "espírito" permaneceria central para Schiller e Fichte, especialmente quando distinguiam entre o "espírito" e a "letra" (*Buchstabe*) do idealismo transcendental de Kant. O termo "espírito" é empregado no presente trabalho no sentido dessa distinção. Para um amplo histórico do termo, ver Oeing-Hanhoff et al (vol. 3, col. 154-204). Ver também Ebeling (1959, vol. 2, col. 1290-6).

ainda, o único, que a razão pode ter em vista na sua especulação, porque todos os homens aí têm maior ou menor parte, e não se compreende porque é que, não obstante a sempre manifesta esterilidade dos seus esforços neste campo, era inútil gritar-lhes que teriam, alguma vez, de deixar de rolar incessantemente esta pedra de Sísifo, se o interesse, que a razão aí possui, não fosse o mais íntimo que se pode ter. O fim último, a que se volta toda a metafísica, é fácil de descobrir e pode a este respeito estabelecer-se dela uma definição: "é a ciência que opera, mediante a razão, a passagem do conhecimento do sensível ao do suprassensível". (Kant, 1985, A 8-10)

Mar sem margens... trabalho de Sísifo... A filosofia kantiana veio traçar os limites de toda especulação válida e estabelecer sob quais condições é legítima "a passagem do conhecimento do sensível ao do suprassensível". O problema – e, de certo modo, todo o nosso problema – está contido na primeira frase do prefácio à primeira edição da *Crítica da razão pura*: "Em certo gênero de seus conhecimentos, a razão humana tem um destino singular: sente-se importunada por questões a que não pode esquivar-se, pois elas lhe são propostas pela própria natureza da razão; mas também não pode resolvê-las, pois ultrapassam toda a capacidade da razão humana" (Kant, 1974, A VII). Tudo isto é da "natureza" da razão. É o seu "destino" (*Schicksal*); e onde vigora o destino não pode haver culpa, pois não há escolha. Daí a frase seguinte, com a qual Kant começa um novo parágrafo e já avança a tese central da *Crítica*:

É sem culpa sua que ela [a razão] cai neste impasse. Começa com princípios cujo uso é inevitável no curso da experiência e, ao mesmo tempo, suficientemente comprovado por esta. Com esses princípios ela vai-se elevando gradativamente (como aliás é de sua natureza) a condições sempre mais remotas. Mas percebendo que desta forma o seu labor deve sempre permanecer incompleto, porque as questões nunca têm fim, vê-se obrigada a lançar mão de princípios que transcendem todo uso possível da experiência, embora pareçam tão insuspeitos que inclusive a comum razão humana concorda com eles. E assim envolve-se em trevas e incide em contradições; e isso lhe permite inferir que algures, e subjacente a tudo, deve haver erros latentes; mas é incapaz de descobri-los, porque os princípios que emprega já não reconhecem a pedra de toque da experiência, por transcenderem o limite de toda experiência. A arena destas discussões sem fim chama-se *metafísica*. (Kant, 1974, A VII-VIII)

A filosofia crítica é uma tentativa de enfrentar esse destino da razão de tal modo que os limites impostos ao seu interesse especulativo possam ser *sublimados*, seja em proveito da possibilidade de seguirmos *pensando* sobre o que não podemos *conhecer*, seja em proveito do interesse prático da razão, que nos permite agir *livres* dos constrangimentos sensíveis ao exercício da nossa vontade. A crítica assume o destino da razão, mas sem sucumbir à sua *hybris* – portanto, àquilo a que toda a metafísica até então teria sucumbido justamente porque prescindira, com funestas consequências, de um exame prévio da razão por ela mesma. Assim, como que por um gesto final, a crítica descobre como o abismo entre o mundo da natureza e o da liberdade pode ser *superado* (e este é o seu momento sublime), mas na medida mesma em que compreende que esse abismo não pode ser *suprimido* (sendo esta a sua nota trágica). Lançando mão de um princípio-ponte, o princípio da conformidade a fins, a crítica se assegura de ter religado legitimamente aqueles dois mundos como os mundos dos quais seríamos cidadãos – o sensível e o suprassensível. Ao ocupar-se desse problema na *Crítica da faculdade do juízo*, Kant advertiu expressamente que essa obra deveria ser lida como a "propedêutica de toda a filosofia" (Kant, 1993, B LIII), pois nela se consuma todo o trabalho crítico. É de acordo com essa perspectiva que a "analítica do sublime" poderia ser interpretada como o ponto de concentração da visão trágica kantiana e como a propedêutica *estética* ao "espírito" do idealismo transcendental (Barbosa, 2007, p. 35-47).

A interpretação sugerida poderia talvez avançar mais um passo e mostrar como essa propedêutica estética reagiria a uma análise do espanto como um sentimento sublime. Creio que é possível dar esse passo tomando como fio condutor uma observação de Kant sobre como o sentimento de prazer também se apresenta no plano cognitivo (Kant, 1993, B XXXIX-XLI), bem como sua distinção entre o assombro (*Verwunderung*) e a admiração (*Bewunderung*) (Kant, 1993, B 117, 122,

277). Limito-me aqui apenas a indicar essa possibilidade, passando agora diretamente às reflexões de Schiller sobre o sublime teórico.

II

Em "Do sublime (Para o desenvolvimento de algumas ideias kantianas)" (1793), Schiller descreveu a experiência do sublime como a experiência do desprazer resultante de um choque contra os limites da nossa natureza sensível e do sóbrio prazer resultante da superação desses limites pela nossa natureza racional. Sob aquele aspecto, nos havemos com a nossa existência enquanto seres dependentes de condições naturais; sob este, nos elevamos por sobre aqueles limites enquanto seres racionais, independentes da natureza. Somos seres dependentes na medida em que a natureza fora de nós torna possível algo em nós. No entanto, só sentimos essa dependência quando nossos impulsos são contrariados pela natureza fora de nós, experimentando assim sua resistência. De acordo com Schiller, todos os impulsos presentes em nossa natureza sensível podem ser reconduzidos a "dois impulsos fundamentais": o "impulso de representação", também chamado de "impulso de conhecimento", e o "impulso de autoconservação" (*NA* 20, p. 171). "Assim, através desses dois impulsos estamos numa dupla *dependência* da natureza. Sentimos a primeira quando a natureza deixa faltar as condições sob as quais conseguimos conhecimentos; sentimos a segunda quando ela contradiz as condições sob as quais nos é possível continuar a nossa existência" (*NA* 20, p. 172). Essa dupla dependência é superável precisamente naquele sentido em que, segundo Kant, os limites da experiência podem e devem ser legitimamente ultrapassados; pois ao mesmo tempo em que experimentamos aquela dupla dependência, escreve Schiller,

> afirmamos através da nossa razão uma dupla *independência* da natureza: *em primeiro lugar*, enquanto ultrapassamos (no âmbito teórico) as condições naturais e podemos *pensar* mais do que conhecemos; *em segundo lugar*, enquanto não fazemos caso (no âmbito prático) das condições naturais e podemos contradizer nossa *apetição* através da nossa *vontade*. Um objeto por cuja percepção experimentamos a primeira é *grande teo-*

ricamente, um sublime do conhecimento. Um objeto que nos dê a sentir a independência da nossa vontade é *grande praticamente*, um sublime da convicção moral (*Gesinnung*). (*NA* 20, p. 172)

Como Kant, Schiller admitia duas espécies de sublime; diferentemente de Kant, não distinguia entre o sublime matemático e o sublime dinâmico, e sim entre o sublime teórico e o sublime prático, que também chamou de o sublime do poder ou da energia. Sentimos a resistência da natureza em ambos os casos e, assim, a desconformidade entre esta e os nossos impulsos de representação e de autoconservação.

Ali ela era considerada meramente como um objeto que devia ampliar o nosso conhecimento; aqui ela é representada como um poder que pode determinar o *nosso* próprio estado. Por isso Kant designa o sublime prático como o sublime do poder ou o sublime dinâmico, ao contrário do sublime matemático. Mas como a partir dos conceitos de *dinâmico* e *matemático* não se pode tornar claro se a esfera do sublime está ou não esgotada através desta divisão, preferi a divisão entre *sublime teórico* e *prático*. (*NA* 20, p. 172)[4]

---

[4]. Kant observa que, por ter origem na faculdade de juízo estético-reflexiva, o juízo sobre o sublime se deixa analisar segundo as quatro funções lógicas do julgar, apresentando assim as mesmas características do juízo sobre o belo: é universal quanto à quantidade, desinteressado quanto à qualidade, representa uma conformidade a fins subjetiva quanto à relação e é necessário quanto à modalidade. No entanto, o que justifica a divisão da análise em duas partes é o fato de que – ao contrário do belo, que deixa o ânimo num estado de "*serena contemplação*" – o sublime implica um *movimento* do ânimo pelo qual "ele é referido pela faculdade da imaginação ou à *faculdade do conhecimento* ou à *faculdade da apetição*, mas em ambos os casos a conformidade a fins da representação dada é ajuizada somente com vistas a estas *faculdades* (sem fim ou interesse); nesse caso, então, a primeira é atribuída ao objeto como disposição *matemática*; a segunda, como disposição *dinâmica* da faculdade da imaginação e, por conseguinte, esse objeto é representado como sublime dos dois modos mencionados" (*Crítica da faculdade do juízo*, B 79-80). Quanto à dúvida sobre se a divisão estabelecida por Kant esgota a esfera do sublime, é de se supor que Schiller estivesse convencido de que a distinção entre o teórico e o prático fosse mais coerente sob o aspecto arquitetônico da crítica da razão e mais adequada aos seus próprios fins como autor dramático, pois, sobre esse aspecto, seu principal interesse era investigar a fundo a natureza do trágico, o que resultou nos estudos "Sobre a razão do prazer

Em "Do sublime (Para o desenvolvimento de algumas ideias kantianas)", Schiller concentrou-se especialmente no sublime prático. Suas considerações aqui sobre o sublime teórico não acrescentam nada de novo ao que Kant dissera sobre o sublime matemático. No entanto, em "Observações dispersas sobre diversos objetos estéticos" (1794), Schiller se ocupou basicamente do sublime teórico. Ele o fez com tanta originalidade que poderíamos perguntar em que medida os critérios que usou para desenvolver a concepção kantiana do sublime dinâmico seriam aplicáveis às suas reflexões sobre o sublime teórico.

Segundo Schiller, o sublime prático pode ser classificado "de acordo com a diversidade dos objetos pelos quais ele é suscitado e de acordo com a diversidade das relações nas quais estamos com estes objetos" (*NA* 20, p. 185). Por isso, diz Schiller, na representação do sublime prático

> distinguimos três aspectos. *Em primeiro lugar*: um objeto da natureza como poder. *Em segundo lugar*: uma relação desse poder com a nossa capacidade de resistência física. *Em terceiro lugar*: uma relação do mesmo com a nossa pessoa moral. O sublime é, portanto, o efeito de três representações que se sucedem: 1) de um poder físico objetivo, 2) da nossa impotência subjetiva física, 3) da nossa supremacia subjetiva moral. (*NA* 20, p. 185)

Se considerarmos mais de perto o sublime teórico, veremos algo semelhante. Em sua representação, também podemos distinguir três aspectos: 1) um objeto da natureza como grandeza, 2) uma relação dessa grandeza com a nossa capacidade de representação e 3) uma relação dessa grandeza com a nossa faculdade de pensar. Também aqui, três representações se sucedem: a de uma grandeza física objetiva, a da nossa limitação cognitiva e a da nossa supremacia pensante. Admitamos isso provisoriamente e voltemos ao que Schiller afirma em seguida sobre o sublime prático. "Embora em cada representação do sublime estas três componentes tenham de unir-se essencial e necessariamente, é contudo contingente como chegamos à representação das mesmas, e sobre isso se funda uma dupla distinção principal do sublime do poder"

---

com objetos trágicos" e "Sobre a arte trágica", ambos publicados em 1792, bem como em "Sobre o patético" (1793).

(*NA* 20, p. 186). Com essa advertência, Schiller começa propriamente a desenvolver a teoria kantiana do sublime.

> Por um lado, teríamos o *sublime contemplativo do poder*; por outro, o *sublime patético*. Objetos que nos mostram nada mais do que um poder da natureza muito superior ao nosso, mas que de resto deixam à nossa disposição se queremos aplicá-lo ao nosso estado físico ou à nossa pessoa moral, são apenas contemplativamente sublimes. Eu os chamo assim porque não se apoderam tão violentamente do ânimo, fazendo com que este não pudesse permanecer aqui num estado de tranqüila observação (*Betrachtung*). No sublime contemplativo, o que importa na maioria das vezes é a autoatividade do ânimo, pois somente uma única condição está dada do exterior, quando, porém, as outras duas têm de ser satisfeitas pelo próprio sujeito. Por essa razão, o efeito do sublime contemplativo não é nem tão intensamente mais forte nem tão mais extenso que o do sublime patético. (*NA* 20, p. 186)

Enquanto o sublime contemplativo do poder requer uma vivacidade da imaginação e uma determinação moral que não encontramos igualmente dadas em todas as pessoas, no sublime patético esse poder da subjetividade é vencido, sendo eliminada a liberdade da imaginação.

> Se um objeto (*Gegenstand*) nos é dado objetivamente (*objektiv*) não apenas como poder em geral, e sim ao mesmo tempo como um poder funesto para o homem – se ele assim não apenas *mostra* a sua violência, e sim a *exterioriza* efetivamente com hostilidade, então a imaginação não mais está livre para referi-lo ao impulso de conservação, e sim *tem* de fazê-lo, é objetivamente obrigada a isto. Um sofrimento efetivo, porém, não permite um juízo estético, pois suprime a liberdade do espírito. Assim, não pode ser no sujeito judicante que o objeto terrível manifesta o seu poder destruidor, isto é, não podemos sofrer *nós mesmos*, e sim apenas *simpateticamente*. Mas mesmo o sofrimento simpatético já é demasiadamente agressivo para a sensibilidade quando o sofrimento tem a sua existência *fora* de nós. A dor participante prevalece sobre toda a fruição estética. Somente quando o sofrimento é ou mera ilusão e ficção ou (no caso de que tivesse ocorrido na realidade) representado não imediatamente aos sentidos, e sim à imaginação, pode tornar-se estético e suscitar um sen-

timento do sublime. A representação de um sofrimento alheio, ligada ao afeto e à consciência da nossa liberdade moral interior, é *pateticamente sublime*. (*NA* 20, p. 192)

Enquanto o sublime contemplativo do poder depende de nós, o patético se nos impõe.

Em que medida esse critério de distinção se aplica ao sublime teórico? A consideração de uma grandeza pode tanto favorecer quanto subjugar a liberdade da imaginação? E, posto que assim seja, com quais consequências? Schiller não formulou estas perguntas. Ele certamente desenvolveu a concepção kantiana do sublime matemático como o sublime teórico, mas o tratou em bloco. No entanto, creio que os seus argumentos são finos o bastante para que, através deles, possamos chegar a uma concepção mais diferenciada do sublime teórico.

Ao referir-se ao *tempo* como "um poder que atua tranquila, mas inexoravelmente" (*NA* 20, p. 187), Schiller o considerou *terrível* para o nosso impulso de autoconservação. Admitamos, porém, que o tempo seja tão terrível para o nosso impulso de autoconservação quanto *assustador* para o nosso impulso de conhecimento. Seria a erupção desse sentimento dependente da liberdade da imaginação? Ou será que diante do tempo, assim como diante do espaço, esse sentimento se apodera de nós com uma força análoga à do sublime patético, suprimindo a liberdade da imaginação? O dito de Pascal sobre o silêncio dos espaços infinitos – um dito que expressa muito bem o tipo de sentimento em questão – remete àquilo que na atitude teórica é fundamentalmente contemplativo e ainda permeável à liberdade da imaginação ou a algo que nos coage de tal modo que impede toda contemplação fantasiadora, impondo-se com uma força irresistível? Como vimos, ao contrário do sublime contemplativo do poder, o sublime patético possui essa força.

> A simpatia ou o afeto participante (participado) <*der theilnehmende (mitgetheilte) Affekt*> não é uma livre manifestação do nosso ânimo que teríamos primeiro de produzir autoativamente em nós, e sim uma afecção involuntária da faculdade do sentimento, determinada pela lei da natureza. Não depende da nossa vontade se queremos sentir o sofrimento de uma criatura junto com ela. Tão logo temos uma representação deste, *temos*

de fazê-lo. É a *natureza*, e não a nossa *liberdade*, que age, e o movimento do ânimo antecipa-se à decisão. (*NA* 20; p. 192)

Existe algo capaz de desencadear tal efeito quando referido à nossa faculdade de conhecimento – algo de tal modo aliciante que faça com que a natureza se antecipe à liberdade, determinando o nosso estado antes mesmo que possamos nos decidir quanto a isso? No sublime patético é desencadeada a força irresistível da compaixão pelo sofrimento alheio, mas essa compassividade só é sublime porque não nos submetemos a ela: não permitimos que esse sentimento possa determinar a nossa vontade, pelo que nos elevamos por sobre ele. O que poderia atrair o impulso de conhecimento, suscitando um sentimento igualmente forte?

Admitindo-se que a consideração de uma grandeza pode tanto favorecer quanto subjugar a liberdade da imaginação, no primeiro caso teríamos algo como o sublime teórico-contemplativo. Seus objetos, no entanto, seriam grandezas relativas – portanto, objetos da experiência possível. O sentimento despertado por eles seria tanto mais intenso quanto mais fossem capazes de tornar presente a imensidão do espaço e do tempo, suscitando em nós um espanto vertiginoso, pois mesmo o campo da experiência possível se abre para nós como um domínio infinito, em cujo interior o conhecimento avança, mas nunca sem grandes dificuldades. A espantosa multiplicidade dos objetos celestes, das espécies vivas espalhadas pelos continentes e pelos oceanos em princípio embaraça e desorienta a razão humana, embora esta não sucumba inteiramente a esse choque, formando para si princípios que lhe permitem ordenar esta multiplicidade e guiar seus passos no âmbito da experiência possível – o que, de resto, não lhe poupa da tarefa de rever esses princípios e o seu uso. Em sua grandeza, tais objetos evocam a infinitude da experiência possível e a simbolizam. Como são grandezas relativas, a infinitude da experiência possível pode ser simbolizada tanto pelo que é "infinitamente" pequeno quanto pelo que é "infinitamente" grande. A sublimidade da natureza se mostra assim num amplo espectro, mas é a liberdade da nossa imaginação que a torna sublime em suas múltiplas formas, sendo precisamente isso o que caracterizaria o sublime teórico-contemplativo. Por outro lado, teríamos algo como o sublime propriamente metafísico: o sublime do pensamento, assim como o sublime teórico-contemplativo poderia ser chamado de o sublime do conhecimento. O sublime metafísico teria uma força análoga à do patético? Como vimos, o sentimento dominante no sublime patético é a compaixão; no sublime metafísico, como veremos, o espanto diante do universo infinito.

III

Schiller observa que ajuizamos objetos naturais de acordo com "um certo máximo de grandeza", fixado em relação ao gênero do próprio objeto.

Se um objeto ultrapassa o conceito de sua grandeza genérica, ele nos deixará em certa medida num estado de *assombro* (*Verwunderung*). Somos surpreendidos e a nossa experiência se alarga, mas na medida em que não temos nenhum interesse pelo próprio objeto, permanece meramente este sentimento de expectativa superada. Retiramos aquela medida apenas de uma série de experiências, e não há necessidade alguma de que ela tenha de ser sempre justa. (*NA* 20, p. 232)

Esse estado de assombro é característico do sublime teórico-contemplativo e será tanto mais intenso quanto maior for o nosso interesse pelo objeto. Nosso assombro também pode variar conforme as grandezas que compararemos; mas o que é pura e simplesmente grande já não mais nos assombra, e sim nos *espanta*. O espanto (*Staunen*)[5] é um sentimento que se impõe na medida mesma em que a própria existência do mundo como um todo se impõe. O sublime metafísico e o espanto são dois sentimentos conectados por um mesmo objeto, o mesmo que

---

5. "A palavra alemã 'Staunen' designa originalmente um estado de tensão (*Steifsein*) ou enrijecimento (*Starre*) e corresponde ao latim 'stupor', que, ao lado de 'admiratio', é uma tradução do grego θαυμάζειν, que, por sua vez, tanto linguística como objetivamente (*sachlich*), conecta-se com o verbo θεᾶσθαι (contemplar com admiração – *bewunderndes Anschauen*) e assim com θεωρία. Uma diferenciação semântica do conceito se apresenta nas línguas européias desde o século XVIII." Daí as distinções entre "Bestaunen" e "Erstaunen", "Bewunderung" e "Verwunderung", assim como entre "admiration", "étonnement" e "surprise", conforme Diderot. Ver Jain e Trappe (vol. 10, col. 116-17).

os suscita: a natureza como uma grandeza absoluta, cujo representante máximo é o céu estrelado – ou, conforme a imagem poética de Schiller, esse "oceano" que se ergue *sobre* nós (*NA* 21, p. 47).

O objeto do sublime propriamente metafísico não é uma grandeza relativa tornada sublime pela força da imaginação, e sim uma grandeza absoluta cuja sublimidade se impõe sem a nossa intervenção. Schiller distinguiu entre essas espécies de grandeza, mas não a ponto de poder discernir entre aquelas duas espécies do sublime teórico. No entanto, suas reflexões sobre a sublimidade da grandeza absoluta são muito interessantes, pois colocam em evidência o objeto do sublime metafísico e a disposição afetiva por ele suscitada. Segundo Schiller,

> só poderia existir na natureza uma única grandeza *per excellentiam*, nomeadamente o todo infinito da própria natureza, ao qual, porém, nunca pode corresponder uma intuição e cuja síntese não poderá ser consumada em tempo algum. Como o reino do número nunca se deixa esgotar, teria de ser o entendimento que finaliza sua síntese. Ele mesmo teria de estabelecer uma unidade qualquer como medida suprema e extrema, declarando simplesmente como grande tudo o que se estende para além dela. (*NA* 20, p. 231)[6]

Mas enquanto nos orientamos pelo entendimento, permanecemos no plano lógico e como que nos perdemos na série infinita dos números.

> Ora, buscamos, porém, a grandeza absoluta, pois somente esta pode conter em si o fundamento de uma *prerrogativa*; uma vez que todas as grandezas comparativas, consideradas como tais, são iguais umas às outras. Visto que nada pode obrigar o entendimento a paralisar o seu trabalho, logo tem de ser a imaginação que estabelece um limite ao mesmo. Em

---

6. "Zerstreute Betrachtungen über verschiedene ästhetische Gegenstände". Este artigo foi publicado em outubro de 1794 na revista *Neue Thalia* e republicado em 1802 no quarto volume dos *Escritos menores em prosa*. Nessa edição do artigo, válida como a final, Schiller suprimiu uma longa e árida sequência de parágrafos. A *Nationalausgabe* segue a edição de 1802 (*NA* 20), mas restitui em seu aparato crítico (*NA* 21) o trecho expurgado. A citação ora feita e as duas próximas são do texto final; as demais, da parte suprimida.

outras palavras: a avaliação da grandeza tem de deixar de ser lógica, tem de fazer-se esteticamente. (*NA* 20, p. 235)

Na avaliação lógica de uma grandeza, ela é referida à nossa capacidade de conhecer; na avaliação estética, à nossa capacidade de sentir. Por aquela, sabemos algo sobre o objeto; por esta, sobre nós mesmos. "Portanto", diz Schiller sobre a avaliação estética da grandeza, "não mais propriamente meço, não mais avalio nenhuma grandeza, e sim torno-me momentaneamente para mim mesmo numa grandeza e, na verdade, numa grandeza infinita. Aquele objeto que me torna para mim mesmo numa grandeza infinita chama-se *sublime*" (*NA* 20, p. 235). Como a imaginação procede nesse caso? Começando pela *apreensão* necessariamente *sucessiva* das partes do *quantum* numa consciência empírica, ou seja, na representação do meu eu, que acompanha cada parte do *quantum* apreendido, ela passa em seguida à *compreensão*, ou seja, à reunião *simultânea* do que foi apreendido em série numa consciência pura, pelo que me apercebo da identidade do meu eu em cada momento da série e no seu todo. A dificuldade, porém, é a seguinte: por um lado, a razão exige a "totalidade absoluta da intuição", a "compreensão integral, numa representação simultânea, de todas as partes do *quantum* dado" (*NA* 21, p. 202); por outro, a imaginação é incapaz de realizar tal exigência, esgotando-se na tentativa de atendê-la. Daí a pergunta fundamental: se o "incomensurável oceano" ou o "infinito céu" "deviam formar um todo da representação, não poderia saber isto a não ser pela minha representação deles, e, no entanto, é pressuposto que eu não posso representá-los para mim como um todo?" (*NA* 21, p. 202) Como se vê, Schiller se refere aqui a coisas distintas. O oceano é uma grandeza relativa. Designá-lo como "incomensurável" significa tomá-lo como símbolo da totalidade absoluta da natureza, atribuindo-lhe assim um *status* análogo ao do céu infinito. No entanto, o que está em jogo aqui é como tais objetos desafiam nosso poder de representação. Afinal, diz Schiller, eles

> não me são dados como um todo, e sou eu mesmo que primeiro introduzo neles o conceito de totalidade. Tenho portanto já em mim este conceito e sou eu mesmo, o ser pensante, que sucumbo ao ser que apresenta (*das*

darstellende Wesen). Em verdade, experimento minha *impotência* na consideração destes grandes objetos, mas a experimento pela minha *força. Sou superado por mim mesmo*, e não pela natureza. (*NA* 21, p. 202)

O que se revela através dessa autossuperação é o caráter radicalmente subjetivo-transcendental dessa experiência do sublime.

Enquanto quero sobretudo reunir todas as partes singulares de um quantum apreendido, o que propriamente pretendo fazer? Quero conhecer a identidade da minha autoconsciência em todas estas representações parciais, quero encontrar-me a mim próprio em todas elas. Quero dizer a mim mesmo: "Todas estas partes foram representadas por mim, o sujeito que permanece sempre o mesmo." (*NA* 21, p. 202)

Mas se uma apreensão infinita torna impossível uma compreensão total, como transitar da consciência empírica à consciência pura, de cada representação do eu em cada parte apreendida do *quantum* em jogo a uma única e unitária representação do *eu* sempre idêntico a si mesmo?

Tenho portanto de me representar que não posso ter a representação da unidade do meu eu em todas estas transformações; mas precisamente através disso tenho a representação dela. Precisamente através disso penso a totalidade da série inteira, porque *quero* pensá-la, pois nada posso querer senão aquilo de que já tenho uma representação. Trago portanto já em mim esta totalidade que tento apresentar, precisamente porque tento apresentá-la. O que é grande está portanto em mim, não fora de mim. Ele é o meu sujeito eternamente idêntico, constante em cada mudança, reencontrando-se a si mesmo em cada modificação. Posso prosseguir a concepção ao infinito: o que não significa outra coisa senão que, em infinitas transformações da minha consciência, minha consciência é idêntica, que toda a infinitude jaz na unidade do meu eu. (...) Em todas as representações de objetos, entre elas também da grandeza, o ânimo nunca é apenas o que é *determinado*, e sim sempre ao mesmo tempo o que *determina*. Na verdade, é o objeto que me transforma, mas eu, o sujeito que representa, sou quem torna o objeto em objeto e assim se transforma a si próprio através do seu produto. Mas em todas estas transformações tem de existir algo que não se transforma, e este *Principium* eternamente imutável é precisamente o eu puro e idêntico, o fundamento da possibilidade de todos os objetos, na medida em que eles são representados. Portanto, o que sempre jaz de grande nas representações jaz em nós, que produzimos estas representações. Qualquer que seja a lei dada para o nosso pensar ou agir, ela nos é dada *por nós*; e mesmo quando *temos de* deixá-la não cumprida, enquanto seres sensivelmente limitados, como aqui, no plano teórico, a lei da totalidade na apresentação de uma grandeza, ou quando a violamos com a vontade enquanto seres livres, como a lei dos costumes no plano prático, somos porém sempre *nós* que a estabelecemos. Posso portanto me perder na representação vertiginosa do espaço onipresente ou do tempo interminável, ou posso sentir, na representação da perfeição absoluta, a minha própria nulidade – *eu* mesmo sou porém quem dá ao espaço a sua infinita amplitude e ao tempo a sua eterna duração, sou eu mesmo quem traz em si a ideia do todo sagrado, pois eu a coloco, e a divindade que me represento é minha criação tão certo como *meu* pensamento é o meu. (*NA* 21, p. 203)

Aquela "única grandeza *per excellentiam*", "o todo infinito da própria natureza", é, por assim dizer, a contraface do eu infinitamente idêntico a si mesmo, a fonte genuína do sublime metafísico. Sob esse aspecto, o eu é *formaliter* idêntico ao universo infinito. Assim, toda consciência de algo como algo não deve ser apenas condicionada pela consciência imediata de nós mesmos – o "eu penso" que deve acompanhar todas as nossas representações –, mas também pela consciência imediata do universo no qual distinguimos algo como algo e o representamos como tal. Recolhido em nós, o universo infinito segue sendo motivo de espanto – o espanto sublime que sentimos quando nos compreendemos como seres que dizem "eu"; pois se pomos a nós mesmos quando dizemos "eu", pomos conosco todo o universo. Tão ou mais espantosa que a existência do universo é a nossa própria existência nele como seres de dois mundos. Foi talvez pela força desse espanto que Kant afirmou que duas coisas enchem o nosso ânimo de admiração (*Bewunderung*) e respeito (*Ehrfurcht*): o céu estrelado sobre nós e a lei moral em nós (Kant, 1983, vol. 6, A 288). Com isso, ele chamou a atenção para a dupla sublimidade da nossa destinação como uma destinação suprassensível – dupla sublimidade, pois a admiração sentida em face do universo infinito está para o interesse da razão teórica pela totalidade da experiência assim como o respeito pela lei moral está para o interesse da razão prática pela realização da liberdade na natureza. Mas se a admiração e o respeito podem, por sua vez, fundir-se num único sentimento, esse sentimento talvez seja o da *gratidão*; pois a espantosa conformidade a fins entre o mundo e as nossas faculdades se descortina para nós como um misterioso *favor* – um favor pelo qual só podemos agradecer, ainda que o fato de por isso nos tornarmos credores de nós mesmos pese sobre nós. Mas esse peso será tanto mais leve quanto melhor compreendermos sua nota trágica.

IV

O sublime patético, disse Schiller, requer

> duas condições principais. *Em primeiro lugar*, uma representação viva do *sofrimento*, para que o afeto compassivo seja suscitado com a força apropriada. *Em segundo*, uma representação da *resistência* ao sofrimento, para que a liberdade interior do ânimo seja chamada à consciência. Somente através da primeira o objeto se torna *patético*; somente através da segunda o patético se torna ao mesmo tempo *sublime*. Deste princípio decorrem as duas leis fundamentais de toda a arte trágica. São elas, *em primeiro lugar*, a apresentação da natureza sofredora; *em segundo*, a apresentação da independência moral no sofrimento. (*NA* 20, p. 195)

A arte trágica é uma arte do sublime porque retira toda a sua força do conflito entre a sensibilidade e a liberdade e da superação espiritual desse conflito. Seja na literatura, nas artes plásticas ou mesmo na música, seu elemento é a dor; sua meta, suscitar o sóbrio prazer com o sofrimento simpatético de uma dor pungente, moralmente dominada. Mas assim como o sublime não se esgota no prático, o trágico não se restringe à arte. Em sua acepção mais ampla, o trágico se deixa ver como uma determinação da natureza humana, e mesmo como a sua condição enquanto uma "natureza mista" (*gemischte Natur*) (Schiller, 1990, p. 103), sendo também coextensivo ao sublime em todas as suas modalidades.

Seja pela sua grandeza, seja pela sua força, o objeto sublime suscita em nós "o penoso sentimento dos nossos limites" enquanto nos atrai "com irresistível violência", escreveu Schiller, perguntando em seguida: "Seria isto possível se os limites da nossa fantasia fossem ao mesmo tempo os limites da nossa faculdade de apreensão? Recordaríamos de bom grado a onipotência das forças naturais se ainda não tivéssemos como amparo algo distinto do que pode ser roubado por elas?" (*NA* 21, p. 42-43). Caso nada houvesse a ser sublimado e do penoso sentimento dos nossos limites não brotasse prazer algum, nada seria trágico, pois o que é sublimado é precisamente o que não se deixa suprimir – e nisso consiste o trágico. Como o espanto, o sublime é um sentimento; o trágico, uma condição.

O motivo central de todo o pensamento de Schiller, no qual se adensa todo o sentido do trágico, é a reconciliação do homem consigo mesmo. Nas cartas *Sobre a educação estética do homem*, Schiller o formulou recorrendo amplamente a uma tese de Fichte, à qual se refere do seguinte modo: "Todo homem individual, pode-se dizer, traz em si, quanto à disposição e destinação, um homem ideal e puro, e a grande tarefa de sua existência é concordar, em todas as suas modificações, com sua unidade inalterável" (Schiller, 1990, p. 32). Ao pé da página, Schiller observa: "Remeto aqui a uma publicação recente: *Preleções sobre a destinação do erudito*, de meu amigo Fichte, onde se encontra uma dedução bastante clara e por via jamais tentada dessa proposição" (Schiller, 1990, p. 32). Essa dedução é realizada na primeira preleção de Fichte, intitulada "Sobre a destinação do homem em si", onde se lê: "A destinação última de todos os seres racionais finitos é, portanto, a absoluta unidade, a contínua identidade, a inteira concordância consigo mesmos" (Fichte, 2014, p. 22; 1966, p. 30). No entanto, essa meta, diz Fichte,

> é inteiramente inalcançável e tem de permanecer eternamente inalcançável, se o homem não deve deixar de ser homem, e se não deve tornar-se Deus. Encontra-se no conceito de homem que sua meta última é inalcançável, que o seu caminho para ela tem de ser infinito. Portanto, a destinação do homem não é alcançar essa meta. Mas ele pode e deve aproximar-se cada

vez mais dessa meta; e, por isso, *a aproximação ao infinito dessa meta* é a sua verdadeira destinação como *homem*, isto é, como ser racional, mas finito, como ser sensível, mas livre. (Fichte, 2014, p. 27)

Esta seria a "sublime destinação" (Fichte, 2014, p. 16 e 28) reservada a todos e a cada um como uma "sublime tarefa": o "aperfeiçoamento ao infinito" (*Vervollkommung ins unendliche*) (Fichte, 2014, p. 59). Por isso Schiller concebeu a unidade do homem – a *perfeita* ação recíproca entre o racional e o sensível – como uma tarefa infinita: "É a *Ideia de sua humanidade*, no sentido mais próprio da palavra, um infinito, portanto, do qual pode aproximar-se mais e mais no curso do tempo sem jamais alcançá-lo" (Schiller, 1990, p.77).

Sob a luz dessa ideia, o belo e o sublime figuram lado a lado como forças essenciais à formação do homem; pois enquanto o primeiro promove a harmonia entre a razão e os sentidos, restituindo toda a nossa humanidade, o segundo a eleva à sua dignidade suprassensível.

> A capacidade de sentir o sublime é assim uma das mais magníficas disposições na natureza do homem, merecendo tanto o nosso *respeito*, por sua origem na faculdade independente de pensar e querer, como o mais perfeito desenvolvimento, por sua influência no homem moral. O belo só se torna meritório pelo *homem*; o sublime, pelo *puro espírito demoníaco* nele; e como a nossa destinação, não obstante todos os limites sensíveis, é a de nos orientarmos de acordo com o código de leis dos puros espíritos, o sublime tem de juntar-se ao belo para tornar a *educação estética* num todo completo e estender a capacidade de sentir do coração humano de acordo com todo o âmbito da nossa destinação e, assim, também para além do mundo dos sentidos. (*NA* 21, p. 52)[7]

Presos a este mundo, "o que a imaginação não pode apresentar também não teria realidade alguma para nós" (*NA* 21, p. 46). Mas, justamente porque o homem pode transcender o mundo dos sentidos, pensando sobre o que já não pode conhecer, "a grandeza relativa fora

---

[7] "Ueber das Erhabene". Neste mesmo ensaio, Schiller se refere ao papel do gosto no despertar da "elevada liberdade *demoníaca*" no "peito" do homem (ver p. 46). O "demoníaco" significa o poder de transcender o mundo dos sentidos, especialmente pela autodeterminação moral.

dele é o espelho no qual distingue a grandeza absoluta nele mesmo" (*NA* 21, p. 47). Enquanto o objeto teoricamente sublime remete ao infinito, perante o qual a imaginação sucumbe, o objeto praticamente sublime nos expõe ao terrível, contra o qual nada podemos. Por isso Schiller observa que o sublime prático é mais intenso e digno de interesse que o teórico; pois enquanto este diz respeito apenas às condições do nosso conhecimento, aquele envolve as condições da nossa existência como um todo. Ambas as espécies do sublime se encontram numa mesma relação com a razão, mas não com a sensibilidade, cujo interesse pelo objeto terrível supera o que o objeto infinito pode despertar, pois o impulso de autoconservação fala mais alto que o de representação. Enquanto o sublime teórico "estende propriamente apenas a nossa *esfera*", o prático estende "a nossa *força*", diz Schiller:

> Nada se encontra mais próximo do homem como um ser sensível do que a preocupação com a sua existência, e nenhuma dependência lhe é mais opressiva do que esta: a de contemplar a natureza como aquele poder que comanda a sua existência. E desta dependência ele se sente livre pela contemplação do sublime prático. (*NA* 21, p. 175)

Assim, ao contrário do sublime prático, o sublime teórico seria relativamente irrelevante de um ponto de vista moral.

Creio que essa contraposição de certo modo se dissolve em face do sublime metafísico, pois neste está em jogo a totalidade pura e simples. Ainda que inicialmente considerada sob o aspecto da grandeza, como dissociar a grandeza do poder quando este já se deixa ver através daquela? Assim, a experiência do sublime metafísico também nos faz sentir o vínculo entre a grandeza e o poder; pois o sublime é propriamente metafísico quando o infinitamente grande e o infinitamente poderoso se fazem sentir num único e mesmo objeto: o "infinito céu", aberto igualmente a *todos*. Ainda assim, poder-se-ia talvez alegar que o sublime metafísico perde em intensidade quando comparado ao patético, pois, diferentemente da compaixão, o espanto seria um sentimento condicionado por um pensamento, exigindo mesmo um certo cultivo teórico do ânimo. No entanto, o espanto suscitado por uma grandeza que contém todas as demais, não estando ela mesma contida em nada mais, e cuja existência simplesmente se impõe a todos, embora possa ser potencializado pela crença de que o universo é infinito, não retira a sua força exclusivamente desta crença, e sim de uma comoção que, como a compaixão, é incapaz de suscitar a indiferença, elevando o ânimo a uma altura na qual ele reconhece a sua verdadeira estatura. Assim, aquela possível alegação também não seria uma razão suficiente para o abandono da distinção entre o sublime teórico-contemplativo das grandezas, que nos causam assombro, e o sublime metafísico, pois o espanto consiste fundamentalmente naquela comoção suscitada pela grandeza absoluta.

A especificação das duas modalidades do sublime teórico e o vínculo entre o sublime e o espanto não se encontram, como vimos, na "letra" do idealismo transcendental de Schiller.[8] Entretanto, na medida em que se deixam formular segundo o seu "espírito", também permitem que se veja com nitidez a peculiaridade de sua posição histórica. Stefan Matuschek mostrou que toda a longa tradição de reflexões sobre o espanto desenvolveu-se em boa medida polarizada pela concepção de Platão, para quem o espanto deveria ser potencializado, atingindo o seu máximo na contemplação extática das ideias, e pela de Aristóteles (*Met.* I, 2, 982 b 10–18), para quem o espanto deveria ser superado pelo conhecimento (Matuschek, 1991, p. 22-23). Matuschek também observa que a concepção platônica, assimilada pelo neoplatonismo e o cristianismo, teria sido reformulada na teoria kantiana do sublime em conformidade com a orientação racionalista e antropológica da *Aufklärung*, concentrando-se no motivo da "autodevoção do homem racional (*Selbstandacht des vernünftigen Menschen*)"(Matuschek, 1991, p. 192). Esse devir do espanto em admiração por nós mesmos e pela nossa destinação, tão presente nas exortações de Fichte à dignidade humana (Fichte, 1965, p. 83-89), já não figura em Schiller com uma ênfase tendencialmente unilateral no "homem racional". A admiração do homem por si mesmo é a admiração pela perfectibilidade infinita de sua natureza enquanto uma natureza *mista*. Expressão da sublimi-

---

8. Somente Fichte estabeleceu explicitamente uma relação entre a imaginação, o sublime e o espanto, o que exigiria um tratamento à parte. Ver Fichte (1980; *SW* 1, p. 217).

dade de sua trágica condição, essa admiração é uma disposição afetiva já livre da propensão ao sacrifício dos "sentimentos" em nome dos "princípios". Típica do "bárbaro", foi precisamente essa propensão que Schiller criticou em Kant e Fichte, atribuindo-a à "letra", mas não ao "espírito" do idealismo transcendental (Schiller, 1990, p. 72).

VERDADE E BELEZA
Schiller e o problema da escrita filosófica

Com que direito um autor se permite lançar mão de procedimentos "estéticos" em seus escritos filosóficos? Quando e por que tal recurso seria legítimo? Assim se afigura o problema tratado por Schiller em "Dos limites necessários do belo, particularmente na apresentação de verdades filosóficas". Publicado em *Die Horen*, em setembro de 1795, Schiller posteriormente fundiu este artigo e "Sobre os perigos dos costumes estéticos" (*Die Horen*, novembro de 1795) num único texto: "Sobre os limites necessários no uso das formas belas", destinado ao segundo volume dos *Escritos menores em prosa* (1800). Seus trinta e quatro parágrafos iniciais restituem integralmente o conteúdo de "Dos limites necessários do belo, particularmente na apresentação de verdades filosóficas". Este artigo remonta a uma polêmica com Fichte – o *Horenstreit*, como é chamada na literatura especializada – ocorrida entre junho e agosto de 1795, pois Schiller se recusara a acolher em sua revista uma colaboração do amigo, "Sobre espírito e letra na filosofia. Numa série de cartas". Embora não se refira nominalmente a Fichte, o artigo de Schiller contém os princípios de algumas das duras críticas que lhe fizera, documentadas pelo que se conservou da correspondência que ambos mantiveram naquele verão. Ele é também uma resposta às objeções de Fichte contra o estilo de Schiller, particularmente em *Sobre a educação estética do homem*.

A polêmica com Fichte será abordada aqui apenas sob o aspecto do problema destacado por Schiller em seu artigo.[1] Pelo exame da correspondência veremos que o ponto central da discórdia diz respeito à

---

1. Entre os estudos mais amplos sobre Schiller e Fichte, ver Leon (1922, vol. 1, p. 339-62); Lichtenstein (1930, p. 102-144, 274-294); Winkelmann (1934, p. 177-248); Wildenburg (1997, p. 27-41); Valera e Oncina (1998, p. 13-101).

relação entre as imagens e os conceitos na escrita filosófica: as diferentes concepções dessa relação se expressam no que Fichte entende por uma exposição *popular* e no que Schiller admite como uma exposição dotada de "valor estético" (*a*). As referências feitas por Fichte ao procedimento sintético, sua defesa da "popularidade" de acordo com este procedimento, suas críticas ao modo como Schiller veria a ação da imaginação (e das imagens) e sua relação com o entendimento (e com os conceitos) – assim como a dura reação de Schiller a essas críticas, que o levaria a fundamentar o direito à existência de uma terceira espécie de exposição, já não mais científica nem popular, e sim *bela* – tornam-se mais significativas à luz das reflexões de Kant sobre suas dificuldades como escritor, sobre as formas de exposição científica e popular, e sobre os métodos analítico e sintético (*b*). Essas reflexões encerram a primeira parte do presente trabalho e preparam a passagem à segunda, dedicada ao artigo de Schiller "Dos limites necessários do belo, particularmente na apresentação de verdades filosóficas" (I).

Como o que estava em jogo na polêmica com Fichte era o direito ao uso de procedimentos estéticos no pensamento discursivo, o problema discutido por Schiller naquele artigo é estritamente *normativo*, pois consiste em estabelecer os *limites* de acordo com os quais as esferas do belo e do verdadeiro se tornam *permeáveis* uma à outra. Esses limites variam segundo as três formas de exposição analisadas por Schiller: a científica, a popular e a bela. Como veremos, essa variação condiciona os diferentes modos pelos quais, em cada uma delas, um mesmo tipo de pretensão de validade é erguido: a pretensão à *verdade* dos enunciados (II).

Embora os limites do belo nessas três formas sejam fixados a partir de um princípio normativo, Schiller não se detêve o bastante num aspecto essencial do problema: o de como essas formas se relacionam com o que, em sua opinião, seria a natureza da *linguagem* e dos seus usos, particularmente do seu uso poético. Por isso gostaria de retomar seus argumentos sobre os limites do belo à luz de suas reflexões sobre a linguagem em *Kallias*. Através delas é possível não só reencontrar o fundamento da distinção entre as formas das exposições científica, popular e bela, como também estabelecê-lo com mais clareza (III).

I

(*a*) Em resposta a Schiller, que lhe cobrava o envio de uma nova contribuição para *Die Horen*, em 21 de junho de 1795, Fichte remeteu ao amigo a primeira carta e o início da segunda de "Sobre espírito e letra na filosofia", prometendo o restante para o dia seguinte. No bilhete que acompanhou o material, Fichte já se antecipava a possíveis objeções à redação: "De resto, elaborei o artigo com aplicação. As eventuais durezas da construção aqui e ali são intencionais, e não creio que ele tolere a menor modificação" (Fichte, 1970, p. 325).[2] Fichte se queixa do trabalho do copista, mas garante que o texto é "legível", que o "revisou com cuidado", justificando assim a seguinte solicitação a Schiller: "Peço que a pontuação, que me é importante, e outras coisas semelhantes sejam observadas" (*GA* III/2, p. 325).

A resposta de Schiller a Fichte está perdida. Escrita a 24 de junho, dela restaram dois rascunhos.[3] Schiller justifica a recusa e a devolução do material porque ele seria demasiadamente longo para a revista e insatisfatório tanto pelo conteúdo quanto pela exposição (*Darstellung*), que julgava "árida, pesada e – perdoe-me – não raro confusa" (*NA* 27, p. 366). A objeção ao conteúdo recaía basicamente sobre dois aspectos: por um lado, as definições e as relações entre os conceitos de "espírito" e "letra", bem como suas aplicações à arte e à filosofia seriam obscuras e incongruentes; por outro, a especificação dos princípios de acordo com os quais Fichte derivava, da unidade da natureza pulsional humana, a

---

2. Doravante, as demais citações da *Gesamtausgabe* das obras de Fichte serão referidas pela abreviatura *GA*, seguida pelo número do volume e da página.
3. Em suma, a cronologia do debate é a seguinte:
- 21.06.1795: carta de Fichte com parte de "Sobre espírito e letra na filosofia".
- 22.06.1795: carta de Fichte com o restante do artigo.
- 24.06.1795: resposta de Schiller recusando o artigo. A carta está perdida. Restam dois rascunhos.
- 27.06.1795: resposta de Fichte defendendo-se das críticas de Schiller.
- [?]: resposta de Schiller. Texto perdido.
- [?]: resposta de Fichte. Texto perdido.
- 03/04.08.1795: resposta de Schiller, jamais enviada. Restam três longos esboços.
- Setembro de 1795: publicação de "Dos limites necessários do belo, particularmente na apresentação de verdades filosóficas" em *Die Horen*.

existência de três impulsos fundamentais – o impulso ao conhecimento, o impulso prático e o impulso estético – seria "vacilante, arbitrária e impura" (*NA* 27, p. 202). Sob o primeiro aspecto, Schiller sentiu-se atacado como artista, pois a oposição feita por Fichte entre o poeta rico em espírito, cujo melhor exemplo seria Goethe, e o "literalista" (*Buchstäbler*), pareceu-lhe sugerir sua inclusão nesta classe. Sob o segundo aspecto, Schiller sentiu-se confrontado como filósofo, como o autor de *Sobre a educação estética do homem*, que ainda vinha publicando em *Die Horen*, pois também desenvolvera uma análise da natureza pulsional humana, mas bem distinta da de Fichte.[4] De resto, ambos os aspectos se refletem nas objeções de Schiller à forma de exposição de Fichte, que adotara justamente a forma epistolar. O subtítulo do artigo, "numa série de cartas", parecia soar como uma provocação.

Decepcionado e irritado, Schiller esperava de Fichte uma contribuição que viesse ao encontro das necessidades da revista, e não uma incursão no âmbito da estética, vazada como uma espécie de crítica velada à sua própria obra, ainda em andamento.

> Uma grande parte das minhas cartas [*Sobre a educação estética do homem* – R.B.] trata, porém, do mesmo objeto, e apesar de todo o trabalho que tive para vivificar o conteúdo abstrato através da exposição, geralmente, porém, acha-se inconveniente incluir semelhantes investigações abstratas numa revista. Com o seu artigo sobre espírito e letra esperava enriquecer a parte filosófica da revista, e o objeto que o Sr. escolheu me deixava na expectativa de uma investigação em geral inteligível e em geral interessante. Mas o que recebo, e o que o senhor me pede para apresentar ao público? A velha matéria, por mim ainda sequer inteiramente concluída, e mesmo na velha forma de cartas, já escolhida por mim, e tudo isso de acordo com um plano tão excêntrico que se torna impossível reunir num todo as partes do seu artigo. Lamento dizer, mas, seja por que for, nem a roupagem nem o conteúdo me satisfazem, e sinto a falta nesse artigo da precisão e da clareza que, aliás, costumam ser próprias do Sr. (*NA* 27, p. 201-202)

---

4. Sobre o impacto de Fichte sobre Schiller, ver, neste volume, o texto "O 'idealismo estético' e o *factum* da beleza. Schiller como filósofo".

Na sequência de suas críticas ao conteúdo, Schiller formula a razão central de sua insatisfação com a "roupagem" (*Einkleidung*) do trabalho.

> Somente ainda uma palavra sobre a sua apresentação (*Vortrag*). O Sr. escreve que teria se aplicado nela. Mas temos de ter conceitos inteiramente diferentes de uma exposição (*Darstellung*) adequada. De uma boa exposição exijo antes de tudo igualdade de tom, e se ela deve ter valor estético, uma *ação recíproca* entre imagem e conceito, e não *alternância* entre ambos, como é frequentemente o caso em suas cartas. Daí a inconveniência de que, imediatamente a partir das abstrações mais abstrusas, se tope imediatamente com tiradas (*Tiraden*), uma falha chocante já nos seus primeiros escritos e que retorna aqui aumentada. Por fim, de como a *dureza* pode ser *necessária* para uma boa apresentação me é inteiramente incompreensível. (*NA* 27, p. 202-203)

Como veremos, a "*ação recíproca* entre imagem e conceito" – enquanto a exigência a ser cumprida por uma exposição que pretenda ter "valor estético" – será um dos motivos centrais de "Dos limites necessários do belo, particularmente na apresentação de verdades filosóficas".

Se, por um lado, Schiller já aludia à exigência característica da *bela* exposição, por outro, em sua resposta a Schiller, de 27 de junho, Fichte se defende argumentando que o seu procedimento seria legítimo numa exposição *popular*.

> A essência da popularidade parece estar somente no desenvolvimento (*Gang*) sintético. Tinha primeiro de *ascender* ao fundamento da divisão dos impulsos, pois não queria descer do mesmo aos impulsos particulares. Será visto a seu tempo se a minha determinação é vacilante; até lá, peço ao Sr. que creia que tinha o meu bom fundamento de divisão. O Sr. o acha vacilante porque não faz ideia da extensão do que chamei provisoriamente de impulso estético, e porque o Sr. mesmo determina e divide de outro modo. (*GA* III/2, p. 338)

Naturalmente, Fichte alude aqui a Schiller e sua divisão dos impulsos humanos em impulso sensível, impulso formal e impulso lúdico.

> Somos de opiniões diferentes; e não preciso lembrar ao Sr. de que depende das nossas razões saber quem está certo. O Sr. ainda não ouvira as

minhas, e até então a questão permanecia igual entre nós. Mas em que tom o Sr. decide e o que o autoriza a esse tom? Certamente tenho de me conformar em ser tratado por gente que não respeito como um escolar que recita sua lição, mas pelo Sr. isto não me é indiferente, pois o tenho em alta consideração. (*GA* III/2, p. 338)

Ao argumentar que o procedimento sintético seria o traço característico da exposição popular, Fichte sublinha o que, aos seus olhos, o separaria de Schiller também sob esse aspecto.

> Que temos princípios muito diferentes sobre a exposição filosófica popular, é algo que não sei somente desde hoje; eu o vi já a partir dos seus próprios escritos filosóficos. Eles seguem em grande parte analiticamente o caminho do sistema rigoroso; e a sua popularidade está na imensa provisão de imagens que o Sr. coloca quase em toda parte no lugar do conceito abstrato. Coloco a popularidade preferencialmente no caminho (*Gang*) que tomo: – isso induziu o Sr. a considerar demasiadamente depressa minhas primeiras cartas como insossas e superficiais. – Depois de concluída a disposição estritamente filosófica, cuido do esboço do tratamento popular segundo princípios totalmente diferentes. Começo com uma experiência muito comum e continuo desenvolvendo o fio, aparentemente segundo a mera associação de idéias, pela qual, porém, o sistema vela invisivelmente. Não determino nada com mais precisão do que é necessário no momento, até que, por fim, a determinação precisa produz-se por si mesma. (*GA* III/2, p. 338-339)

De fato, o ponto de partida para uma primeira definição de "espírito" no artigo recusado por Schiller é "uma experiência muito comum": a de que certas obras nos atraem irresistivelmente, ao passo que outras nos deixam indiferentes, ou mesmo nos causam aversão. A que atribuir isso? Ao "espírito", dirá Fichte, definindo-o inicialmente como "esta força vivificante num produto artístico" que nos alicia por inteiro (*GA* I/6, p. 336).

Esse procedimento, para Fichte característico do método sintético de uma exposição popular, determina as relações entre as imagens e os conceitos.

No meu caso, a imagem não se encontra *no lugar* do conceito, e sim *antes* ou *depois* do conceito, como um símile (*Gleichniß*): tenho o cuidado de que ela seja adequada, e creio que as imagens usadas nas cartas são adequadas com muita exatidão. Se não me engano, todos os escritores antigos e modernos famosos pela boa exposição procederam como eu me esforcei por proceder. No entanto, o modo pelo qual o Sr. expõe é inteiramente novo, e não conheço nenhum autor entre os antigos e os modernos que pudesse ser comparado ao Sr. sob este aspecto. O Sr. encadeia a imaginação, a qual só pode ser livre, e quer forçá-la a pensar, do que ela não é capaz. Creio que vem daí o esforço fatigante que os seus escritos filosóficos provocam em mim e provocaram em muitos outros. Tenho primeiro de traduzir o que o Sr. escreve antes de compreendê-lo; e é assim também com outros. Por mais que façam objeções aos meus primeiros escritos, e por justificada que seja a crítica que lhes façam, são porém frequentemente lidos e chamaram a atenção, ouvindo-se aqui e ali contarem e repetirem o que neles se encontra. Já os seus escritos filosóficos – não falo dos seus escritos poéticos nem dos históricos, dos quais a história do cerco de Antuérpia é uma obra-prima irresistivelmente cativante e arrebatadora,[5] assim como não falo de sua consistência filosófica e de sua profundidade, que eu venero; falo apenas do seu estilo – seus escritos filosóficos são comprados, admirados, causam assombro, mas, tanto quanto posso notar, foram pouco lidos e de modo algum compreendidos; e entre o grande público nunca ouvi citarem uma opinião, uma passagem, um resultado destes. Todos elogiam tanto quanto podem, mas se guardam em face da pergunta: o que há propriamente neles?

A aparência de dureza na construção dos meus períodos se deve em sua maior parte a que os leitores não sabem declamar. Ouça-me ler certos períodos meus, e assim espero que devam perder sua dureza. Mas o Sr. tem razão: nosso público sequer pode declamar; e o melhor que se faz é, como Lessing, tomar suas próprias medidas. (GA III/2, p. 339-340)

---

5. Fichte se refere a um dos escritos mais populares de Schiller, a *História da insurreição da Holanda contra o governo espanhol* (1788), mais precisamente ao segundo "Apêndice": "O cerco de Antuérpia pelo Príncipe de Parma nos anos de 1584 e 1585".

Não há dúvida de que estavam em jogo aqui não só certas peculiaridades da grafia de Fichte (*Buchstab*, por exemplo, e não *Buchstaben*[6]), como também seu uso da pontuação em escritos populares (*GA* III/2, p. 326). Que se pense em *Algumas preleções sobre a destinação do erudito* (1794). Impressas tais como foram escritas para serem publicamente *declamadas*, sua pontuação obedece muito mais à retórica e à oratória do que às exigências da sintaxe, o que à primeira vista suscita certa estranheza, pois exigem que a leitura silenciosa se torne antes num exercício pelo qual se deve *ouvir* o texto, como que despertando pelo ouvido interno a voz do autor, seu ritmo e suas inflexões.

A resposta de Schiller a Fichte está perdida, assim como a deste àquele. Restam apenas três longos rascunhos de uma última carta de Schiller, escrita nos dias 3 e 4 de agosto de 1795, mas jamais enviada. A dura discussão sobre as peculiaridades dos estilos de cada um certamente levou Fichte a fazer comparações inaceitáveis para Schiller.

> Também em relação à apresentação (*Vortrag*) filosófica não posso admitir uma comparação da minha maneira (*Manier*) com a de outro, e muito menos com a maneira de um escritor somente apenas didático. Minha tendência constante é, junto à investigação mesma, ocupar o conjunto das forças do ânimo e agir, tanto quanto for possível, sobre todas ao mesmo tempo. Portanto, não quero apenas tornar meus pensamentos compreensíveis para os outros, e sim lhes entregar ao mesmo tempo minha alma inteira e agir sobre as suas forças sensíveis assim como sobre suas forças espirituais. Esta exposição (*Darstellung*) da minha natureza inteira também em matérias áridas, onde o homem, de resto, costuma falar apenas como gênero, torna necessário um ponto de vista totalmente diferente para o ajuizamento da minha maneira, e enquanto o Sr. opõe a mim um *Home* e outros como ele, demonstra claramente que jamais deveria ter feito juízos sobre mim. (*NA* 28, p. 359)

Não se sabe o que Fichte teria dito com tais comparações; no entanto, o que Schiller caracteriza aqui como a sua "tendência constante" vai

---

6. Quando enviou o texto a Schiller, Fichte lhe pediu que o corrigisse, caso julgasse que *Buchstab* – "letra" – não fosse "de modo algum alemão" (*schlechterdings unteutsch*). Ao que tudo indica, Schiller não se manifestou sobre isso.

diretamente ao encontro do que a "bela exposição" compartilha com as obras de arte bem conseguidas, pois sua mais alta pretensão seria a de agir sobre "o conjunto das forças do ânimo".[7]

Schiller também retorna ao problema da relação entre as imagens e os conceitos, mas para repudiar o que Fichte afirmara sobre o seu procedimento.

> O Sr. me disse numa das cartas passadas que apresento (*vortrage*) minhas especulações em imagens e que é preciso primeiro me traduzir para me entender. Sinto muito, mas, em verdade, não por mim. Mostre-me, em todos os meus artigos filosóficos, um único caso em que trate a *investigação mesma* (e não meras aplicações desta) em imagens. Este não pode ser nem será jamais o meu caso, pois sou quase escrupuloso no cuidado de tornar compreensíveis minhas representações. Mas se conduzi a investigação com precisão e rigor lógico, então gosto de proceder – e o faço por escolha – de modo a também pôr diante da fantasia (mas na mais rigorosa conexão com o entendimento) justamente o que apresentei a este. Caso queira verificar esta observação, remeto o Sr. ao sexto número de *Die Horen*, pois precisamente aqui a aplicação é mais cômoda. Caso o Sr. encontre aqui, nas cartas 19, 20, 21, 22 e 23, onde se afigura propriamente o nervo da questão, uma linguagem inadequada, então de fato não mais vejo nenhum ponto de acordo nos nossos juízos. (*NA* 28, p. 359-360)

Schiller se refere aqui justamente às passagens especulativamente mais densas da última série de suas cartas,[8] publicadas sob o título "A beleza suavizante" – e tem razão no que diz em sua defesa. Não se sabe se Fichte teria se convencido disso ou julgado que a linguagem de Schiller aqui seria inadequada. Neste último caso, o artigo "Dos limites neces-

---

7. Sobre este motivo central da polêmica entre Schiller e Fichte, ver Wilkinson (1959, p. 413); Wilkinson (1961, p. 16); Wilkinson e Willoughby (1967, p. 121-126). A tese de Wilkinson em *Schiller. Poet or Philosopher?* (1961), segundo a qual Schiller não teria criado símbolos, servindo-se basicamente de imagens ilustrativas derivadas do barroco alemão e do classicismo francês, foi detalhadamente criticada por Koopmann (1996, p. 218-250). Ver também Ueding (1998, p. 190-197) e Berghahn (1998, p. 289-302).

8. Ver, neste volume, o texto "O 'idealismo estético' e o *factum* da beleza. Schiller como filósofo".

sários do belo, particularmente na apresentação de verdades filosóficas" valeria como o pleno estabelecimento de um desacordo já insuperável.

A julgar pela resposta esboçada por Schiller nos dias 3 e 4 de agosto de 1795, Fichte teria arriscado – numa de suas cartas perdidas – um juízo relativo a como os leitores futuramente receberiam seus escritos e os de Schiller.

> O Sr. se refere ao destino dos nossos escritos dentro de 10 anos. Em verdade, não quero fazer prognósticos, pois quem pode descobrir no comportamento do público alemão uma regra e uma consequência? Contudo, é certo que se os *meus* escritos, inclusive pelo seu conteúdo, não puderem se suster, já a única circunstância de que, ao mesmo tempo, são um produto estético e apresentam (*darstellen*) um indivíduo como um todo lhes asseguraria uma duração (...) um indivíduo que se lançou vivamente num livro é e permanece eternamente como algo único em sua espécie, e pode não ser compreendido, mas jamais substituído. (*NA* 28, p. 360)

> Que, porém, em 100 ou 200 anos, quando o pensamento filosófico tiver sofrido novas revoluções, seus escritos sejam citados e apreciados em seu valor, mas não mais lidos, isto se deve à natureza da coisa tanto quanto que os meus (naturalmente, quais deles e em que mãos por acaso cairão é algo que a moda e a sorte decidem) não sejam *mais*, embora certamente também não sejam *menos lidos* que agora. E a que se pode atribuir isto? Ao fato de que escritos cujo valor reside apenas nos resultados que eles contêm para o entendimento, por mais excelentes que possam ser sob este aspecto, se tornam supérfluos na mesma medida em que o entendimento ou bem se torna mais indiferente a estes resultados, ou bem pode alcançá-los por um caminho mais fácil. Em contrapartida, escritos que produzem um efeito independente do seu conteúdo lógico, e nos quais um indivíduo estampa vivamente a si mesmo, jamais se tornam supérfluos e contêm em si um princípio vital inextirpável, justamente porque cada indivíduo é único e portanto também insubstituível. Assim, querido amigo, enquanto oferecer em seus escritos não mais do que possa ser apropriado por qualquer um que saiba pensar, pode estar seguro de que. (*NA* 28, p. 22)

Aqui termina o manuscrito. A previsível conclusão da frase interrompida decorre de premissas das quais Schiller estava profundamente convencido e sobre as quais já se manifestara com muita clareza. "Tudo o que o poeta pode nos dar", escreveu Schiller em sua resenha dos poemas de Bürger (1791), "é a sua *individualidade*. Esta tem assim de ser digna de ser exposta ao presente e à posteridade. Enobrecer tanto quanto possível esta sua individualidade, elevá-la à mais pura e magnífica humanidade é a sua primeira e mais importante ocupação antes de que possa resolver-se a tocar a excelência" (*NA* 22, p. 246). A carta a Körner de 10 de novembro de 1794 é bastante esclarecedora sobre essa dinâmica da individualidade.

> No estabelecimento do ideal literário consideraria principalmente a relação entre a objetividade e a subjetividade, da qual tudo parece depender. Na interação viva, todo o objetivo é subjetivado, pois o indivíduo como um todo está envolvido na conversa e age *sobre um indivíduo*. A exposição de um escritor deve agir sobre o gênero, e isto tem de ocorrer através do gênero. Mas, ao mesmo tempo, deve agir sobre cada indivíduo, e isto tem de ocorrer através da individualidade. Portanto, esta é a exigência: individualidade generalizada. (*NA* 27, p. 81)

Eis aqui a máxima de acordo com a qual Schiller argumenta contra Fichte e suas especulações sobre o "destino dos nossos escritos" no futuro próximo ou distante. Ainda que não fosse mais lembrado como filósofo, Schiller acreditava que jamais seria esquecido como poeta – ou que seus escritos filosóficos permaneceriam justamente porque se entregara a eles como um poeta. As verdades caem, mas não arrastam consigo a beleza. O que permanece na bela exposição, para além de toda pretensão à verdade dos enunciados, é a pretensão à *veracidade da expressão* individual que os acompanha. Entregar a própria alma, apresentar-se por inteiro – o ideal expressivista de Schiller faz da bela exposição a forma viva da bela teoria. Sua voz natural – o ensaísmo – deixava-se ouvir melhor sob a forma epistolar (Düsing, 1981, p. 141-145). Não é casual que *Sobre a educação estética do homem* comece com uma espécie de *plaidoyer* dessa forma,[9] pois assim Schiller reitera o que dissera com mais ênfase já em sua primeira carta ao Príncipe de Augustenburg destinada a apresentar os resultados de suas reflexões sobre o belo, o gosto e as artes.[10] Aliás, Schiller voltaria ao problema da forma de exposição em sua carta ao Príncipe de 21 de novembro de 1793.

A investigação da verdade exige abstração e rigorosa conformidade à lei, perante o que a indolência e a arbitrariedade dos sentidos recuam tremendo. A tensão da faculdade de pensar é necessária para separar a forma, unicamente na qual a verdade está contida, da matéria. Portanto, para ganhar as faculdades sensíveis, que sempre se atêm à matéria, para a atividade pura da razão e vencer a resistência delas, é necessário converter de novo as formas em matéria, vestir as idéias com intuições e afetar a força passiva pelas operações da força ativa. Somente deste modo se pode obter um ganho mesmo na pura ocupação cognitiva da sensibilidade, e alternar o trabalho com a fruição, a tensão com a distensão, a atividade com a passividade. Isto é realizado pelo gosto na apresentação da verdade. No belo, a razão começa a mesclar sua conformidade à lei no jogo arbitrário da fantasia. No belo, a fantasia e as faculdades de sentir começam a receber

---

9. "A liberdade no proceder que me prescreveis" – escreve Schiller em resposta ao que o Príncipe de Augustenburg supostamente determinara – "não é coerção, é necessidade minha. Pouco afeto às formas de escola, não estarei em perigo de pecar contra o bom gosto pelo seu mau uso" (Schiller, 1991, p. 23).

10. "Antes de apresentar ao próprio público minhas idéias sobre a filosofia do belo, desejava estar autorizado a vos remetê-las, por partes, numa série de cartas dirigidas a vós. Esta forma mais livre dará à exposição das mesmas mais individualidade e vida, e o pensamento de que falo convosco e sou ajuizado por vós dará a mim mesmo um interesse mais elevado pela minha matéria. Um sentido puro e lúcido para a verdade, unido a uma calorosa receptividade para tudo o que é belo, bom e grande, é a propriedade de poucos mortais, e particularmente os nossos muitíssimos eruditos encontram-se tão timidamente afivelados aos seus sistemas que um modo de representação algo incomum não pode penetrar no seu peito blindado com tripla camada de bronze. Poucos são aqueles nos quais o terno sentimento da beleza não é sufocado pela abstração, e menos ainda os que estimam o esforço de filosofar sobre suas sensações. Tenho de esquecer inteiramente que sou ajuizado por tais homens, e posso desenvolver minhas idéias e sentimentos apenas para espíritos livres e serenos que se encontram acima do pó das escolas e guardam em si as centelhas da pura e nobre humanidade" (Schiller, 2009, p. 60-61).

uma matéria mais nobre da razão e a tornar-se interessadas pela atividade superior do ânimo. O belo não serve apenas para elevar os sentidos à faculdade de pensar e para transformar o jogo em algo sério; ele também ajuda, em contrapartida, a fazer com que a faculdade de pensar desça aos sentidos e a transformar o sério em jogo. O primeiro destes dois ganhos o gosto o merece da parte *sensível* do mundo; o segundo, da parte *pensante*. (...) Um mestre na boa apresentação tem, pois, de possuir a habilidade de transformar a obra da abstração instantaneamente numa matéria para a fantasia, converter conceitos em imagens, dissolver conclusões em sentimentos e esconder a rigorosa conformidade à lei do entendimento sob uma aparência de arbitrariedade. (Schiller, 2009, p. 128-130)

(*b*) Schiller estabeleceu os limites do belo na apresentação das verdades filosóficas à luz da teoria kantiana das faculdades. De acordo com o seu procedimento, os limites do belo são fixados na medida mesma em que são traçados os limites necessários à *imaginação* em sua relação com o *entendimento*. Nesse sentido, o ensaio de Schiller se deixa ler também como uma tentativa de elucidar o problema kantiano do esquematismo no âmbito mesmo da escrita filosófica. No ajuizamento do belo, a imaginação esquematiza sem conceitos e por isso joga livremente com o entendimento. Nos juízos cognitivos, já não ocorre um tal jogo: a esquematização é conceitual, a imaginação está submetida ao regime do entendimento. Ainda assim, pergunta Schiller, mesmo com tais limites, até que ponto pode a imaginação reivindicar legitimamente uma liberdade que não só não impeça como até favoreça a apresentação da verdade?

Creio que o problema de Schiller nos permite compreender melhor uma observação de Kant sobre os deveres de um autor para com o público ao qual destina suas obras e os direitos do leitor em face dessas obras. Por sua vez, a compreensão dessa observação incidirá de volta sobre o problema formulado por Schiller. A observação de Kant diz respeito à própria *Crítica da razão pura* e se encontra ao final do prefácio à sua primeira edição (1781). *Certeza* e *clareza*, diz Kant, são "dois requisitos que se reportam à *forma* e se devem considerar qualidades essenciais a exigir de um autor que se lança em empresa tão delicada" (Kant, 1994, A XV).[11] Justificado o que tivera de fazer pela certeza do que estabelecera em sua investigação da capacidade humana de conhecer, Kant se detém em seguida no que pudera realizar pela clareza de sua exposição.

> Finalmente, no que diz respeito à *clareza*, o leitor tem o direito de exigir, em primeiro lugar, a *clareza discursiva* (lógica) *por conceitos*; seguidamente, também a *clareza intuitiva* (estética) *por intuições*, isto é, por exemplos e outros esclarecimentos em concreto. Cuidei suficientemente da primeira, pois dizia respeito à essência do meu projeto, mas foi também a causa acidental que me impediu de me ocupar suficientemente da outra exigência, que é justa, embora o não seja de uma maneira tão estrita como a primeira. (Kant, 1994, A XVII-XVIII)

Nos onze anos consumidos pelo preparo desse prato, mal sobrara tempo para o arranjo de uma bela mesa. Isso porém não quer dizer que Kant não pensara nisso. Ao contrário: ele sentira as enormes dificuldades do seu problema e o quanto elas exigiam de suas capacidades como escritor.

Em respeito aos direitos do leitor, só restava a Kant justificar por que sacrificara a clareza estética à clareza lógica, já que não fora essa sua intenção inicial.

> No decurso do meu trabalho encontrei-me quase sempre indeciso sobre o modo como a esse respeito devia proceder. Os exemplos e as explicações pareciam-me sempre necessários e no primeiro esboço apresentaram-se, de fato, nos lugares adequados. Contudo, bem depressa vi a grandeza da minha tarefa e a multidão de objetos de que tinha de me ocupar e, dando conta de que, expostos de uma forma seca e puramente *escolástica*, esses objetos dariam extensão suficiente à minha obra, não me pareceu conveniente torná-la ainda maior com exemplos e explicações, apenas necessários de um ponto de vista *popular*; tanto mais que esta obra não podia acomodar-se ao grande público e aqueles que são cultores da ciência

---

11. A *clareza* está para a "perfeição lógica do conhecimento segundo a qualidade" assim como a *certeza* para a "perfeição lógica do conhecimento segundo a modalidade" (Kant, 1992, A 84-110).

não necessitam tanto que se lhes facilite a leitura, coisa sempre agradável, mas que, neste caso, poderia desviar-nos um pouco do nosso fim em vista. (Kant, 1994, A XVIII)

Como era comum em sua época, Kant distinguia entre a forma de exposição "escolástica", científica, e a "popular", justificando sua opção pela primeira não só em função do público restrito e especializado ao qual se dirigia, como também pela integridade da obra como um *todo*, e não por sua necessária extensão.

> Diz com verdade o Padre Terrasson que, se avaliarmos o tamanho de um livro, não pelo número de páginas, mas pelo tempo necessário a compreendê-lo, poder-se-á afirmar de muitos livros que *seriam muito menores se não fossem tão pequenos*. Mas se, por outro lado, for proposto como objetivo a inteligência de um vasto conjunto de conhecimentos especulativos, embora ligados a um princípio único, poder-se-ia dizer, com igual razão, que *muitos livros teriam sido muito mais claros se não quisessem ser tão claros*. De fato, os expedientes para ajudar a ser claro são úteis nos *pormenores*, embora muitas vezes distraiam de ver o *conjunto*, impedindo o leitor de alcançar, com suficiente rapidez, uma visão desse conjunto; com o seu brilho colorido encobrem, por assim dizer, e tornam invisível a articulação ou a estrutura do sistema, que é o mais importante para se poder julgar da sua unidade e do seu valor. (Kant, 1994, XVIII-XIX)

Não há dúvida de que o empenho de Kant em sua exposição era mesmo o de proporcionar ao leitor a mais clara "visão desse conjunto". Ele confessa que hesitara diante do melhor caminho a tomar, que em seus primeiros esboços combinara a clareza lógica com a clareza estética, mas que logo se vira forçado a abandonar esse procedimento em face da dimensão de sua tarefa. Se foram essas as razões de Kant para optar pela "forma seca e puramente escolástica", então não se pode tomá-las com a "causa acidental" pela qual não se ocupara "suficientemente" das exigências da clareza estética, pois não há nada de acidental em sua recusa de uma dicção "popular". Kant justifica sua escolha no movimento mesmo pelo qual sublima sua insatisfação com o seu desempenho como escritor. E se percebe que a recepção adequada de sua obra encontrará resistências e dificuldades, não hesita em lançar ao leitor o apelo de um pacto tendo em vista o resgate futuro do que ficara lhe devendo e, ao mesmo tempo, o perdão dessa dívida: uma exposição de tal modo clara da metafísica que se pudesse recomendar como uma obra *didática*.

Parece-me que pode ser para o leitor coisa de não pequeno atrativo juntar o seu esforço ao do autor, se tiver a intenção de realizar inteiramente e de maneira duradoura uma obra grande e importante, de acordo com o plano que lhe é proposto. Ora, a metafísica, segundo os conceitos que dela apresentaremos aqui, é a única de todas as ciências que pode aspirar a uma realização semelhante e isto em pouco tempo e com pouco trabalho, desde que se congreguem os esforços, de tal modo que nada mais reste à posteridade que dispor tudo de uma maneira *didática*, de acordo com os seus propósitos, sem por isso aumentar o conteúdo no que quer que seja. Na verdade, a metafísica outra coisa não é senão o *inventário*, sistematicamente ordenado, de tudo o que possuímos pela razão *pura*. (Kant, 1994, XIX-XX)

De resto, no prefácio à segunda edição (1787), após insistir sobre o caráter estritamente escolástico – e por isso nada popular – de sua obra e de assinalar as modificações que fizera em proveito da clareza, Kant reitera o apelo que fizera ao leitor no prefácio à primeira edição, dirigindo-se especialmente a todos que, como ele, ainda fossem capazes de cultivar o espírito científico rigoroso, legado por Wolff, no caminho aberto pela crítica da razão. "A esses homens de merecimento, que à profundidade de visão aliam o talento de uma exposição luminosa (que não presumo possuir), deixo o encargo de aperfeiçoar o meu trabalho, no que ele possa ser ainda, de onde em onde, deficiente; pois, neste caso, não há o perigo de ser refutado, mas o de não ser compreendido" (Kant, 1994, B XLIII). Esses homens, "amigos da verdadeira popularidade", colaboradores do trabalho crítico, "em pouco tempo lhe proporcionarão também a desejada elegância" (Kant, 1994, B XLIV).[12]

---

12. Posteriormente, no "Prefácio" à *Metafísica dos costumes* (1797), Kant acolheria com prazer a exigência de Christian Garve, segundo a qual os autores de obras filosóficas deveriam empenhar-se numa exposição popular de suas doutrinas, mas advertindo que esse jamais poderia ser o caso da crítica da razão, uma vez que, pela sua natureza mesma, apenas a exposição escolástica ser-lhe-ia adequada. Ver Kant (1983, vol. 7, AB IV-VI). É muito provável que Kant tivesse em mente

Esse apelo não demoraria a ser respondido. Não penso apenas no que Reinhold faria pela divulgação da obra de Kant, mas antes em Fichte. Em 1790, ainda sob o choque da leitura das três *Críticas*, Fichte começou a escrever uma apresentação da *Crítica da razão pura* no intuito de torná-la realmente compreensível, como escreveu a Friedrich August Weißhuhn em agosto-setembro daquele ano: "Parece-me que a causa central da ininteligibilidade da *Crítica* está nas frequentes repetições e digressões que interrompem o curso das idéias; e creio que ela seria mais fácil se tivesse a metade do seu tamanho" (*GA* III/1, p. 168). Fichte abandonou esse trabalho quando deu pela existência de uma obra semelhante escrita por Johann Gottlieb Peuker, mas em proveito de um novo projeto: um livro sobre a terceira *Crítica*, recém publicada, sobre o qual escreveu a Weißhuhn, provavelmente em novembro de 1790:

> Há algum tempo tenho me ocupado particularmente do estudo da *Crítica da faculdade do juízo*; e como ela me pareceu bastante obscura, acreditei que ela poderia se afigurar facilmente assim a outros, e que não seria uma obra totalmente supérflua torná-la algo mais clara. Até aqui talvez tenha pensado corretamente; mas estava igualmente correto em que poderia ser eu quem a tornaria mais clara? É isso o que quero saber do senhor, e por isso envio aqui o manuscrito, ou seja, tudo o que pude desbastar e pôr a limpo. – Minha intenção foi a de eliminar repetições, trazer o método sintético, que Kant maneja inigualavelmente em relação ao todo, também às suas partes, onde ele me parece estar frequentemente em desordem; – de dizer o que é muito obscuro com outras palavras, embora não melhores, porém mais claras, para que um leitor que se sirva do livro de Kant possa ver uma coisa ao mesmo tempo sob dois aspectos. Nas passagens que me pareceram suficientemente claras mantive o quanto

---

o ensaio de Garve "Da popularidade da exposição" ("Von der Popularität des Vortrages", 1793 – in *Vermischte Aufsätze welche einzeln oder in Zeitschriften erschienen sind. Erster Theil*. Breslau: Wilhelm Gottlieb Korn, 1796, p. 331-58), no qual são formulados os princípios que deveriam ser observados por uma prosa filosófica destinada ao grande público. Tais princípios foram enfaticamente defendidos no espírito da *Aufklärung* pelos representantes mais destacados da chamada *Popularphilosophie*, como Johann Georg Sulzer e Moses Mendelssohn. Sobre a importância da "filosofia popular" na formação intelectual e artística de Schiller, ver Riedel (1998, p. 155-166).

foi possível a expressão de Kant. Se isto não é um plágio? Creio que não, se o prefácio o diz expressamente, como o dirá. (*GA* III/1, p. 188)

Convencido de que compreendera verdadeiramente os propósitos de Kant e confiante no seu próprio talento como escritor, Fichte estava empenhado em realizar uma nova *exposição* – uma *reapresentação* – da *Crítica da faculdade do juízo*,[13] a qual, aliás, considerava "mais clara e melhor escrita" que as anteriores (*GA* III/1, p. 168). Fichte ocupou-se dessa tarefa de setembro de 1790 ao início de 1791, mas não foi além da "Introdução" – que tinha como a parte "mais obscura" (*GA* II/1, p. 322) do texto kantiano – e dos dezesseis primeiros parágrafos.

A observação de Fichte sobre o método sintético chama atenção. Já na "Introdução" aos *Prolegômenos* (1783), um escrito aparentemente popular que Fichte talvez ainda desconhecia, Kant retornaria ao problema da forma da exposição, justificando a escolha do *método* que adotara:

> Mas, a extensão da obra, na medida em que se baseia na ciência e não na exposição, a secura e a precisão escolástica inevitáveis daí resultantes, são qualidades que, decerto, podem favorecer muito a própria causa, mas devem, é verdade, prejudicar o livro em si. Nem todos têm o dom de escrever com tanta sutileza e, no entanto, de modo tão atraente ao mesmo tempo como *David Hume*, ou de maneira tão sólida e elegante como *Moses Mendelssohn*; teria, sem dúvida, podido fornecer popularidade à minha exposição (como disso me lisonjeio), se apenas tencionasse fazer um plano e recomendar a outros a sua execução e se não tivesse a peito o bem da ciência, que me ocupou durante tanto tempo; seria, aliás, preciso perseverança e também não pouca abnegação para pospor a atração de um acolhimento favorável mais rápido à esperança de uma aprovação certamente tardia, mas duradoura. (...) Mas, se um simples plano, que pudesse preceder a *Crítica da razão pura*, fosse ininteligível, incerto e inútil, seria, pois, tanto mais útil se a seguisse. Porque se encontra assim na situação de abranger o todo com a vista, de examinar peça por peça

---

13. Esta intenção já transparece no título que dera ao seu manuscrito: *Versuch eines erklärenden Auszugs aus Kants Kritik der Urteilskraft* (*GA* II/1, p. 319-373). Os fragmentos da obra planejada sobre a *Crítica da razão pura* também figuram nesse volume da *Gesamtausgabe*.

os pontos principais que importam nesta ciência, e de organizar muitos pormenores melhor do que podia acontecer na primeira redação da obra. Aqui está, pois, um tal plano, depois de acabada a obra, que pôde ser estabelecido segundo o *método analítico*, já que a própria obra teve absolutamente de ser redigida segundo o procedimento de *exposição sintética*, a fim de a ciência apresentar todas as suas articulações como a estrutura de uma faculdade cognoscitiva muito peculiar, na sua ligação natural. (Kant, 1998, A 18-21)

A pergunta pela possibilidade da metafísica fora investigada na *Crítica da razão pura* segundo o método *sintético*, ou seja,

investiguei na própria razão pura e procurei determinar, segundo princípios, nesta mesma fonte, tanto os elementos como as leis do seu uso puro. Este trabalho é difícil e exige um leitor decidido a penetrar pouco a pouco pelo pensamento num sistema que não põe como fundamento nenhum dado a não ser a própria razão e que procura, pois, sem se apoiar em qualquer fato, tirar o conhecimento a partir dos seus germes originais. Em contrapartida, os *Prolegômenos* devem apenas ser exercícios preparatórios; devem mostrar o que há que fazer para, se possível, realizar uma ciência, mais do que expor essa própria ciência. Devem, por conseguinte, fundar-se em alguma coisa que já se conhece seguramente, a partir da qual se possa partir com confiança e subir até às fontes que ainda não se conhecem e cuja descoberta nos explicará não só o que se sabia, mas ao mesmo tempo nos fará ver um conjunto de muitos conhecimentos, todos provenientes das mesmas fontes. O procedimento metódico dos *Prolegômenos*, sobretudo dos que devem preparar para uma metafísica futura, será, pois, *analítico*. (Kant, 1998, A 38-39)

O método analítico, embora não pressuponha pura e simplesmente a existência da metafísica, *parte* da existência de um conhecimento sintético puro, como ele se dá, por exemplo, na matemática e na ciência da natureza; mas

devemos em seguida *investigar* o fundamento desta possibilidade e interrogar-nos *como* este conhecimento é possível a fim de estarmos em situação de determinar, segundo os princípios da sua possibilidade, as condições do seu uso, o seu âmbito e os seus limites. O problema verdadeiro expresso com uma precisão escolástica, de que tudo depende, é pois: *Como são possíveis proposições sintéticas* a priori? (Kant, 1998, A 41)

Ambos os métodos – o analítico e o sintético – *provam* a sua própria eficácia na medida em que determinam o método da exposição, cuja forma deve restituir em detalhes todas as etapas lógicas da investigação. Ambos são igualmente adequados a uma exposição rigorosamente científica ou "escolástica". Em sua resposta às críticas de Schiller à redação de "Sobre espírito e letra na filosofia", Fichte se defendia dizendo que empregara o método sintético, segundo ele o mais adequado ao que visara: uma exposição *popular*. Schiller não se convenceu disso, embora o argumento de Fichte pudesse ser ancorado, ainda que parcialmente, no que Kant observara sobre ambos os métodos:

> O método analítico, enquanto oposto ao método sintético, é inteiramente diverso de um conjunto de proposições analíticas: significa apenas que se parte do que se procura, como se fosse dado, e se vai até às condições sob as quais unicamente é possível. Neste método, empregam-se muitas vezes apenas proposições sintéticas; a análise matemática é disso um exemplo; e seria melhor chamá-lo método *regressivo*, para o distinguir do método sintético ou *progressivo*. (Kant, 1998, A 41)

Como vimos, Fichte justificava a "popularidade" de sua exposição pelo recurso ao método sintético. Ao invés de "descer" do "fundamento da divisão dos impulsos" a cada um destes – o impulso ao conhecimento, o impulso prático e o impulso estético –, Fichte quis primeiro "ascender" àquele fundamento (*GA* III/2, p. 338).

Kant não associava o método sintético à forma da exposição popular – nem Schiller –, o que não quer dizer que ele fosse considerado em princípio impermeável a tal exposição. No entanto, Fichte não só fazia essa associação como defendia a sua legitimidade. Como vimos, para chegar a uma primeira definição de "espírito", Fichte realmente partia de "uma experiência muito comum" proporcionada pelas qualidades estilísticas e formais das obras de arte: o fato de que algumas delas aliciam completamente o receptor, enquanto outras produzem indiferença e mesmo aversão. Ao apresentar esse fato da experiência e ilustrá-lo com ricos exemplos nos quais o receptor dificilmente não se reconheceria, procedendo "aparentemente segundo a mera associação de idéias", Fichte pretendia avançar progressivamente na busca dos seus princípios, alternando imagens e conceitos.

As declarações de Kant sobre as suas hesitações e os motivos de sua escolha da forma escolástica, a atitude inicial de Fichte diante do estilo de Kant e suas reações às críticas de Schiller remetem à tensão entre o científico e o popular. Seria ingênuo tomar essa tensão como um problema secundário. Na verdade, ela é um sintoma de uma dificuldade e de um anseio experimentados pela filosofia desde os inícios da época moderna – mais precisamente, desde quando os filósofos passaram a escrever em seus idiomas nacionais em busca não apenas de um novo leitor para uma nova filosofia, mas sobretudo de *formar* esse novo leitor. Que se pense, por exemplo, nos cuidados de Descartes ao apresentar os seus *Princípios*. No problema da forma da exposição dos textos filosóficos concentram-se todas as tensões da destinação social do pensamento e de suas tarefas formativas. E numa hora em que a *Aufklärung*, a filosofia kantiana e a Revolução Francesa se afiguravam como os marcos de um novo tempo, mas em que a distância entre as culturas especializadas e o homem da vida cotidiana crescia na medida mesma em que se dissolviam as bases da tradição, as descobertas da "época da crítica" (Kant, 1994, A XI) não eram um problema menor que o de saber comunicá-las. Para Schiller, o êxito de uma cultura da razão não dependia apenas de um esclarecimento teórico. Era preciso também estendê-lo à esfera dos costumes, mas não sem antes promover uma *Aufklärung* estética. Esse pensamento, cerne da correspondência com o Príncipe de Augustenburg em 1793, que deu origem a *Sobre a educação estética do homem*, subjaz às reflexões de Schiller em "Dos limites necessários do belo, particularmente na apresentação de verdades filosóficas".

II

"Os efeitos do gosto, tomados em geral", diz Schiller, "consistem em harmonizar as forças sensíveis e espirituais do homem e uni-las numa íntima aliança. Onde, pois, uma tal íntima aliança entre a razão e os sentidos é oportuna e legítima, é permitida ao gosto uma influência" (*NA* 21, p. 3-27). No entanto, essa aliança é suspensa quando estão em jogo as mais altas exigências do conhecimento teórico e do conhecimento prático, pois a pretensão de universalidade e necessidade que ligamos à verdade de um enunciado e à moralidade de uma norma exclui o concurso dos sentidos. Por outro lado, o gosto, como faculdade de ajuizamento do belo, não amplia os nossos conhecimentos. A peculiaridade do juízo de gosto, o que o torna um juízo estético, está em que o seu fundamento de determinação é subjetivo, pois não referimos a representação ao objeto, tendo em vista o conhecimento, mas ao sentimento do nosso próprio estado (Kant, 1993, B 3-5). Por ser um *juízo* ancorado numa experiência, as faculdades do ânimo são mobilizadas para uma *síntese* de representações; mas como se trata de uma síntese *estética*, essas mesmas faculdades são desoneradas de suas funções cognitivas. Mas se é assim, de que vale "uma roupagem dos conceitos plena de gosto, se o fim da apresentação (*Vortrag*), que não pode ser outro senão produzir o conhecimento, é desse modo antes impedido do que promovido?" (*NA* 21, p. 4). A resposta inicial de Schiller é bastante previsível: assim como uma mesa bem posta, embora não seja determinante para saciar a fome, desperta o apetite; ou assim como a aparência externa, embora não determine o valor de um homem, o recomende, "através de uma estimulante exposição da verdade somos colocados numa disposição favorável para abrir-lhe nossa alma, e são removidos no nosso ânimo os impedimentos que, aliás, teriam se oposto ao difícil acompanhamento de uma longa e rigorosa cadeia de pensamentos" (*NA* 21, p. 4).

Ao afirmar que o conteúdo nada ganha com a beleza da forma, Schiller como que desdobra o sentido da tese de que o gosto não amplia o conhecimento, mas para dela extrair um princípio normativo: "O conteúdo tem de recomendar-se imediatamente por si mesmo ao entendimento, enquanto a forma bela fala à imaginação e a lisonjeia com uma aparência de liberdade" (*NA* 21, p. 4-5). Esse é o princípio fundamental que servirá à dedução das diferentes formas de exposição. Ele apresenta os termos básicos do problema em suas relações igualmente básicas. Grosso modo, o conteúdo está para o entendimento assim como a forma para a imaginação. Mas como a faculdade soberana no regime da produção da verdade teórica é o entendimento, ele terá de limitar o desempenho da imaginação, cuja liberdade só poderá ser aparente, embora não se trate de uma falsa liberdade, e sim de uma liberdade estética exercida sob a jurisdição do entendimento.

Como se vê, os limites da imaginação parecem determinar os limites do belo, embora esses limites variem de acordo com o que é lícito esperar do conhecimento científico e do conhecimento popular em suas respectivas formas de exposição. Enquanto o conhecimento científico "repousa em conceitos claros e princípios reconhecidos", o conhecimento popular "se funda apenas em sentimentos mais ou menos desenvolvidos. O que frequentemente é muito favorável para o último", diz Schiller, "pode contrariar diretamente o primeiro" (*NA* 21, p. 5). Schiller apresenta a solução da tarefa do conhecimento científico de uma maneira tal que é possível compreendê-la sob a forma de um imperativo hipotético: se o fim visado por um autor é "causar uma convicção rigorosa a partir de princípios", então só lhe resta um meio adequado, pois "não basta apresentar a verdade meramente *segundo o conteúdo*, e sim também *a prova* da verdade tem de estar contida ao mesmo tempo na forma da apresentação" (*NA* 21, p. 5). Portanto, a forma deve observar o princípio que determina a produção do conteúdo, restituindo a mesma continuidade com a qual os conceitos se articulam necessariamente no entendimento. Mas se o conteúdo está para o entendimento assim como a forma para a imaginação, e se aqui a forma deve estar sob a lei do conteúdo, a liberdade da imaginação tem de ser mantida nos limites do entendimento, sob pena de comprometer "a necessidade rigorosa com a qual o entendimento encadeia juízos com juízos, conclusões com conclusões" (*NA* 21, p. 5).

A forma da exposição científica é sistemática, pelo que deve ser exaustiva, visando a uma continuidade sem lacunas. Sua determinação se choca com a imaginação. Como quer antes de tudo intuições integrais, a imaginação se empenha em restituir o universal no singular, apresentando o singular em toda a sua concretude, para o que procede com a liberdade de associar as representações independentemente de todo nexo conceitual. Já o entendimento opera em sentido contrário. O que a concreção é para a imaginação, a abstração é para o entendimento. A "totalidade viva" de uma intuição é desmembrada em "representações parciais", em notas características que só serão unidas porque antes foram separadas (*NA* 21, p. 5-6). E porque as combina segundo a necessidade rigorosa dos conceitos, o nexo assim formado pode sofrer com a intervenção da imaginação, pois ela "intercala representações *totais* (casos isolados singulares) nesta cadeia de abstrações e mistura na necessidade rigorosa da vinculação objetiva o acaso da vinculação temporal" (*NA* 21, p. 6).

Numa nota apensa a essa passagem, Schiller faz uma observação que nos recorda a insatisfação de Kant com o texto da *Crítica*, mas que poderia ser tomada como um argumento em sua defesa:

> Por isso, um escritor preocupado com o rigor científico servir-se-á de *exemplos* muito a contragosto e com muita economia. O que vale para o universal com perfeita verdade sofre limitações em todo caso particular; e como em todo caso particular se encontram circunstâncias que são contingentes em relação ao conceito universal que assim deve ser exposto, tem-se sempre de temer que estas relações contingentes sejam levadas para dentro daquele conceito universal e lhe roubem algo de sua universalidade e necessidade. (*NA* 21, p. 6)

Em outras palavras, uma exposição científica rigorosa não só pode como deve prescindir da clareza estética em proveito da clareza discursiva. Esse princípio, de resto, já havia sido explicitamente formulado na carta de 21 de novembro de 1793 ao Príncipe de Augustenburg. Não por acaso, a *Crítica* de Kant é tomada como um exemplo significativo de sua validade. De acordo com Schiller,

> obras que são entregues expressamente ao exame rigoroso e devem causar convencimento (...) estão não apenas absolvidas de todas as exigências do gosto, como até mesmo conflita com o seu fim que sejam excelentes de um ponto de vista estético; porque o estado de fruição não é favorável

ao exame, e um tratamento pleno de gosto esconde o mecanismo lógico sobre o qual todo convencimento filosófico sempre se funda. Assim, a crítica da razão de Kant seria manifestamente uma obra menos perfeita se fosse escrita com mais gosto. Um tal escritor, porém, também não esperará razoavelmente que interesse a leitores que não compartilham com ele o seu fim.[14]

O imperativo hipotético que regula a exposição científica determina rigorosos limites à imaginação, cujo "esforço pela máxima sensibilidade possível nas representações e pela máxima liberdade possível na vinculação das mesmas" deve ser contido pelo entendimento (NA 21, p. 6).

> Por isso, a apresentação tem de estar já ajustada para, através da exclusão de todo individual e sensível, derrotar aquele esforço da imaginação, colocando limites tanto ao seu inquieto impulso poético, através da precisão na expressão, como à sua arbitrariedade nas combinações, através da conformidade à lei no desenvolvimento. Ela certamente não se submeterá sem resistência a este jugo, mas conta-se aqui também, com razão, com alguma abnegação e com uma séria decisão do ouvinte ou do leitor de, por amor à coisa, não considerar as dificuldades que são inseparáveis da forma. (NA 21, p. 6)

Eis aqui a razão para a única espécie de *captatio benevolentiae* a que um autor científico teria direito e à qual o seu público deveria ceder.

Quando não se pode contar com leitores ou ouvintes capazes de fazer essa espécie de sacrifício da imaginação exigido pela exposição científica, então é preciso renunciar a esta em proveito de uma exposição popular. Como se vê, o fato de os diferentes tipos de exposição

---

14. "Em contrapartida", continua Schiller, "quem *quer* comprazer universalmente não perdoa nenhuma matéria, tem de respeitar a liberdade da fantasia, tem de ocultar o aparato lógico pelo qual conduz o entendimento do seu leitor. Se a apresentação dogmática progride em linhas retas e ângulos duros com rigidez matemática, a apresentação bela serpenteia avançando num livre movimento de ondas, altera imperceptivelmente sua direção em cada ponto e retorna de modo igualmente imperceptível à mesma. O professor *dogmático*, poder-se-ia dizer, nos impõe seus conceitos; o *socrático* os tira de nós; o orador e o poeta nos dão a oportunidade de criá-los com aparente liberdade a partir de nós mesmos" (Schiller, 2009, p. 131-132).

se deixarem regular por um imperativo hipotético se explica pela necessidade de adequar a apresentação da verdade a diferentes contextos de comunicação. Ao contrário do destinatário da exposição científica, o da exposição popular não é o erudito. Por isso ela tem de se ajustar a um público não especializado e heterogêneo, no qual pode pressupor apenas a existência de certas condições e disposições gerais para o conhecimento. Nesse contexto, a exposição não pode limitar-se rigorosamente a oferecer conceitos abstratos, esperando que a imaginação do leitor ou do ouvinte faça a sua parte e ofereça intuições adequadas. Uma exposição popular deve por isso oferecer ambas as coisas: os conceitos e as intuições, pelo que será menos parcimoniosa no uso de imagens, no recurso a exemplos, na apresentação de casos significativos. O êxito da exposição depende assim de um desempenho mais destacado da imaginação, mas também aqui ela encontra limites bem determinados, pois "deve agir sempre apenas *reprodutivamente* (renovando representações recebidas), e não *produtivamente* (demonstrando sua força formadora própria)" (*NA* 21, p. 7). O essencial, porém, é que as intuições sejam dispostas numa tal proporção em face dos conceitos que a imaginação possa "esquecer de que age apenas a *serviço do entendimento*" (*NA* 21, p. 8). Nisso consiste sua aparente liberdade, a marca dos seus limites. Por estar suficientemente impregnada pelo sensível, mas não a ponto de dissolver-se nele, a exposição popular restringe-se a ser "apenas *didática*" (*NA* 21, p. 8).

O que lhe falta para ser *bela*? Duas qualidades, dirá Schiller: "*sensibilidade na expressão e liberdade no movimento*" (*NA* 21, p. 8). Essa liberdade é ainda aparente, pois o entendimento continua a determinar com rigorosa necessidade o nexo conceitual. Seu trabalho, no entanto, é ocultado de tal modo que a imaginação parece agir como lhe apraz, associando arbitrariamente as representações. Sob o aspecto dessa qualidade requerida a uma exposição bela, pode-se talvez dizer que nela o necessário aparece como se fosse livre. Já a sensibilidade na expressão consiste no ocultamento do universal no particular, de tal modo que a imaginação – a fantasia, como diz Schiller nesse passo – receba uma "imagem viva", uma "representação *total*" no âmbito do conceito, da "representação parcial" (*NA* 21, p. 8). Nesse caso, pode-se talvez dizer que a abstração assume o aspecto da concreção – e mesmo que, numa exposição bela, por ser livre e sensível, o entendimento parece estar sob o domínio da imaginação. Schiller também observa que a sensibilidade na expressão torna a exposição ao mesmo tempo rica e limitada; rica, porquanto oferece mais do que o exigido: ao invés de uma determinação, tem-se "uma imagem completa, um todo de determinações, um indivíduo"; limitada, e por isso mais pobre, porque é afirmado do indivíduo o que deve valer para um todo (NA 21, p. 8). A bela exposição gratifica a imaginação com o que retira ao entendimento, ampliando o raio de ação daquela enquanto restringe o deste, pois "quanto mais uma representação é completa em conteúdo, tanto menor é o seu âmbito" (NA 21, p. 8). Ao conceder mais espaço à imaginação, a bela exposição oferece antes totalidades intensivas que totalidades extensivas, podendo acirrar o conflito entre os interesses do entendimento e os da imaginação; pois se esta quer "mudar arbitrariamente seus objetos", aquela visa a "vincular os seus com necessidade rigorosa" (NA 21, p. 8). Schiller porém argumenta que todo o "mérito" da bela exposição está em estabelecer o "ponto de unificação" desses interesses, superando assim o seu conflito, o que implica a satisfação harmoniosa de ambos (NA 21, p. 8). A imaginação está para o entendimento assim como o material para o espiritual, o corpo para o significado, a intuição para o conceito. O interesse da imaginação corresponde à dimensão material da exposição, ao seu corpo, às intuições que o entendimento decompõe em partes, separando as notas características com as quais forma seus conceitos. Mas na medida em que as intuições não se deixam encadear segundo a ordem do entendimento, ganhando independência e se destacando como "um todo próprio", a "liberdade estética" transparece na forma da exposição (NA 21, p. 9). Sob esse aspecto, a exposição bela contrasta fortemente com a científica: enquanto aquela "é um produto *orgânico* onde não apenas o todo vive, mas também as partes singulares têm sua vida própria", esta é "uma obra *mecânica*", pois as partes não possuem vida própria e o todo exibe apenas uma "vida artificial", resultante da conjunção de suas partes (NA 21, p. 9).

O interesse do entendimento recai sobre a dimensão espiritual do texto, o significado, e é satisfeito pelo encadeamento rigoroso dos conceitos. Se estes se apresentam assim articulados e as intuições segundo o "jogo arbitrário da fantasia", a conformidade a leis exigida pelo entendimento e a ausência desta, em que se compraz a imaginação, estão igualmente atendidas (*NA* 21, p. 9). Daí o que Schiller chama de "a força mágica da exposição bela" – seu poder de unir "liberdade exterior" e "necessidade interior" (*NA* 21, p. 9). Recorrendo à "*individualização* dos objetos", para o incremento da sensibilidade, e à "*expressão imprópria ou figurada*", às metáforas, para assim fazer surgir a sensibilidade onde ela não existe, a imaginação escapa momentaneamente ao domínio do entendimento pelo primeiro recurso, ampliando sua liberdade pelo segundo (*NA* 21, p. 9).

> Os conceitos se desenvolvem segundo a *lei da necessidade*, mas segundo a *lei da liberdade* passam diante da imaginação; o pensamento permanece o mesmo, apenas muda o *medium* que o expõe. Assim o escritor eloquente cria a mais magnífica ordem a partir da própria anarquia e ergue sobre um fundamento sempre mutante, sobre a torrente da imaginação, que sempre flui, um sólido edifício. (*NA* 21, p. 10)

As formas de exposição científica, popular e bela são igualmente capazes de restituir o mesmo pensamento, mas isso quanto à matéria; pois nos três casos o conhecimento varia segundo a espécie e o grau. Essa variação é apresentada de tal modo que tudo se passa como se os níveis de intensidade da força da pretensão de verdade ligada a um mesmo pensamento se deixassem ver numa escala ascendente. "O belo escritor nos representa a coisa da qual ele trata como *possível* e como *desejável* antes que pudesse nos convencer da efetividade ou mesmo da necessidade da mesma, pois seu pensamento se anuncia apenas como uma criação arbitrária da imaginação, que por si mesma nunca está em condição de garantir a realidade de suas representações" (*NA* 21, p. 10). A pretensão de verdade de um enunciado – ou de um conjunto de enunciados – quer tornar plausível que um determinado estado de coisas pode ser tomado como um fato. Ela diz respeito ao que é, ao ser-assim (e não de outro modo) de algo. Mas na medida em que ele é apresentado por representações talhadas segundo o possível e o desejável, a força da pretensão de verdade é como que enfraquecida, pois permanece nos limites da verossimilhança. Algo parecido se passa com o segundo caso, em contraste com o terceiro.

> O escritor popular nos desperta a crença de que tudo procede *efetivamente* assim, mas também não leva isso adiante; pois ele nos torna sensível a verdade daquela proposição, mas não como absolutamente certa. O sentimento pode muito bem ensinar o que *é*, mas nunca o que *tem de ser*. O escritor filosófico eleva aquela crença à convicção, pois prova a partir de fundamentos indubitáveis que tudo procede *necessariamente* assim. (NA 21, p. 10-11)

Como se vê, a força da pretensão de verdade é diretamente proporcional ao predomínio do entendimento sobre a imaginação.

Schiller porém não faz dessa escala um princípio para uma espécie de hierarquia, mas sim para uma reflexão sobre a "conveniência" de cada uma das três formas de exposição consideradas. A exposição científica será a mais adequada a situações em que não basta apenas comunicar resultados, mas também todo o processo pelo qual são obtidos, todas as demonstrações. Quando se trata apenas da apresentação de resultados, as exposições popular e estética são preferíveis; mas o trânsito daquela a esta "será decidido pelo maior ou menor grau do interesse que se tem de pressupor ou produzir" (NA 21, p. 11). Portanto, a escolha da forma de exposição deve ser em boa medida determinada pela situação, pelo contexto da comunicação.

Como era de se esperar, Schiller observa que o estilo científico deve ser o da cátedra universitária, pois é o que permite formar os estudantes, ao passo que os estilos popular e estético são mais adequados ao "belo convívio" e à "tribuna", à "conversação" e ao "púlpito" (NA 21, p. 11-12). Mas tanta ênfase na adequação ao contexto comunicativo não significa uma adaptação cega ao destinatário. Na universidade, por exemplo, o professor tem o direito de pressupor nos alunos "a disposição do ânimo que é exigida para a recepção da verdade", fazendo dela a condição do seu ensino (NA 21, p. 12). Isso como que o libera para voltar-se para a coisa mesma, para o objeto da exposição, ao passo que o autor popular e o estético, sempre às voltas com um público heterogêneo e flutuante, têm de adequar seu objeto às pessoas às quais se dirigem e se esforçar por fazer de cada exposição um todo completo e autossustentável, quando o professor pode contar com a frequência regular de suas exposições e com um público mais constante e homogêneo. Essas diferenças tornam os estilos popular e estético mais vulneráveis às condições do receptor, mas ainda assim não significam que tais condições sejam absolutamente determinantes. Isso se deixa ver especialmente no caso da bela exposição. Pela força da lei de sua forma, ela "não se volta para o entendimento *em particular*, e sim fala como unidade pura ao todo harmonizado do homem"; ela "liga de novo o separado e através da exigência unificada das forças sensíveis e espirituais recorre sempre ao homem como um todo", embora possa surtir efeitos adversos (NA 21, p. 13-14). O "ajuizador comum", a quem falta o sentido da beleza, reage mal a esse tipo de escrito, sentindo-se antes obrigado a um "duplo trabalho", pois "tem primeiro de o *traduzir* se quer entendê-lo, assim como o mero entendimento nu, despojado de toda faculdade de exposição, tem de primeiro transpor em sua linguagem e decompor o belo e o harmônico na natureza e na arte; em suma, assim como o aluno que, para ler, tem de primeiro soletrar" (NA 21, p. 14).

Como vimos, foi precisamente assim que Fichte reagiu ao estilo de *Sobre a educação estética do homem*, no qual identificava uma mescla ilegítima de imagens e conceitos. O Príncipe de Augustenburg, o destinatário original das cartas de Schiller sobre a educação estética, reagira de modo semelhante: "O bom Schiller não foi feito propriamente para ser filósofo. Ele carece de um tradutor que desenvolva com precisão filosófica o dito belamente de modo poético, que o traduza do poético na linguagem filosófica" (NA 27, p. 237).

A exposição bela não se deixa regular por essa espécie de recepção – ou, como diz Schiller, ela "nunca recebe a lei da estreiteza e da carência do seu leitor" (NA 21, p. 14). Como o artista, o autor de uma exposição bela deve trazer consigo sua própria determinação, sua própria medida.

> Ele vai ao encontro do ideal que traz em si mesmo, indiferente a quem porventura o segue e a quem fica. Muitos ficarão; pois se já é tão raro

encontrar apenas leitores pensantes, é ainda infinitamente mais raro encontrar os que podem pensar expondo. Pela própria natureza da coisa, um tal escritor perderá a simpatia tanto daqueles que apenas intuem e apenas sentem, pois lhes impõe o penoso trabalho do pensar, quanto dos que apenas pensam, pois exige deles o que lhes é pura e simplesmente impossível, dar forma com vivacidade. Mas como ambos são apenas representantes muito imperfeitos da humanidade comum e autêntica, que exige absolutamente harmonia naquelas duas atividades, sua contradição não significa nada; antes seus juízos lhe confirmam que alcançou o que procurava. O pensador abstrato acha o seu conteúdo pensado e o leitor intuitivo acha seu estilo (*Schreibart*) vivo; ambos aprovam, pois, o que apreendem e sentem falta apenas do que ultrapassa sua capacidade. (*NA* 21, p. 14-15)

Como as obras de arte bem conseguidas, tais escritos antes projetam a imagem do seu leitor ideal, na qual se deixam ver os traços do ideal do homem: formar-se interna e externamente segundo a unidade harmoniosa de sua natureza mista, racional e sensível. No entanto, trata-se aqui de um duplo movimento, pois a adequação da bela exposição ao contexto da sua recepção, na medida em que não deve violar seu acordo com sua própria determinação ideal, implica a adequação do receptor ao recebido.

Schiller admitia que tais escritos não se prestam – e nem devem se prestar – ao ensino. "O mestre, no significado mais rigoroso, tem de se orientar pela carência; ele parte do pressuposto da incapacidade", enquanto o autor de uma exposição bela – que se pense no próprio Schiller das cartas *Sobre a educação estética do homem* – "já exige do seu leitor ou ouvinte uma certa integridade e formação", pois não se dirige ao entendimento em particular, mas ao ânimo como um todo (*NA* 21, p. 15). Isso porém não quer dizer que o ensino deva ser indiferente ao ideal da bela exposição. O cultivo do entendimento pode ser beneficiado pela formação do gosto e o será tanto mais quanto maior tornar-se a capacidade do estudante de jogar livremente com o seu objeto sem, no entanto, perdê-lo ou perder-se nele.

Quem me transmite seus conhecimentos numa forma escolar, em verdade me convence de que os apreendeu corretamente e sabe sustentá-los; mas quem está ao mesmo tempo em condição de comunicá-los numa forma bela, demonstra não apenas que é capaz de estendê-los, mas também que os compreendeu em sua natureza e é capaz de apresentá-los em suas ações. Não há para os resultados do pensar nenhuma outra via à vontade e à vida do que através da força formadora (*Bildungskraft*) autoativa. Nada senão o que em *nós mesmos* já é um feito vivo pode vir a sê-lo *fora de nós*, e é assim com as criações do espírito bem como com as formações orgânicas; apenas da flor sai o fruto. (*NA* 21, p. 16)

É precisamente nesse ponto que o gosto revela toda a sua eficácia – seja para a razão teórica, seja para os costumes. Se o que hoje temos como conhecimentos demonstrados já antes surtia seus efeitos como intuições vivas, mas se mesmo os conhecimentos demonstrados resultam por vezes impotentes para conformarem o sentimento e a vontade, permanecendo isolados nos canteiros das ciências como flores que não frutificam, deve-se admitir "quão importante é para a vida prática seguir este aceno da natureza e transformar os conhecimentos da ciência de novo em viva intuição" (*NA* 21, p. 16). Eis aqui, nessa abertura de um caminho de volta da abstração ao concreto, os efeitos formativos do gosto em toda a sua amplitude, como se lê ao final de *Sobre a educação estética do homem*: "O gosto conduz o conhecimento para fora dos mistérios da ciência e traz para o céu aberto do senso comum, transformando a propriedade das escolas em bem comum de toda a sociedade humana" (Schiller, 1990, p. 145).

III

Numa de suas cartas a Körner em torno do projeto de *Kallias ou sobre a beleza*, Schiller observa que uma obra de arte bem conseguida resulta de um desfecho bem determinado da luta entre três naturezas: a do artista, a do material e a da coisa a ser apresentada.[15] Para Schiller,

---

15. Ver, neste volume, o texto "As três naturezas. Schiller e a criação artística".

era preciso que as naturezas do artista e do material desaparecessem na obra para que nesta aparecesse unicamente o que deve aparecer: a natureza da coisa a ser apresentada. Uma obra em que prevalecesse a natureza do artista seria simplesmente amaneirada, enquanto aquela em que o material salta à frente, em que, por exemplo, vemos antes o mármore e não o cavalo nele esculpido, seria tão somente rude. Ambas estariam aquém da exigência máxima do *estilo*, a qualidade estética fundamental de uma autêntica obra de arte, a fonte legítima de sua pretensão ao assentimento de todos.

> *Pura objetividade* da apresentação é a essência do bom estilo: o princípio supremo das artes. 'O estilo está para a maneira como o modo de agir a partir de princípios formais está para um modo de agir a partir de máximas empíricas (princípios subjetivos). O estilo é uma completa elevação sobre o contingente rumo ao universal e necessário.' (...) O grande artista, poder-se-ia então dizer, nos mostra o objeto (sua apresentação tem objetividade pura), o medíocre mostra-se a si mesmo (sua apresentação tem subjetividade), o mau, sua matéria (a apresentação é determinada pela natureza do medium e pelos limites do artista). (*NA* 26, p. 225-226; *K*, p. 114)

Enquanto determinação essencial do belo na arte, o estilo se encontra num plano de universalidade análogo ao da lei moral, pois, como esta, requer a abstração de toda subjetividade individual e de toda matéria. Mas se esse é também o mesmo plano da verdade, não é lícito esperar das obras do pensamento algo equivalente ao estilo nas obras de arte? Esta é a questão à qual o texto de Schiller remete pelo poder de sugestão dos seus próprios argumentos. Admitamos que as obras do pensamento também resultem de uma luta entre a natureza do autor, a do material e a da coisa a ser apresentada, e que nelas deve prevalecer esta última. A objetividade da apresentação seria assim igualmente visada pela pretensão de verdade erguida pelas obras do pensamento. Mas como a força dessa pretensão de verdade varia segundo a forma de exposição, a essa variação devem corresponder diferentes graus de objetividade, também eles regulados pela maior ou menor liberdade desfrutada pela imaginação em sua relação com o entendimento. Seja qual for a forma de exposição escolhida, para que possa apresentar objetivamente a natureza da coisa é preciso que o autor a idealize, ou seja, a domine pelo entendimento, construindo e modelando seu objeto pelos conceitos. A natureza da coisa investigada é a sua natureza talhada e concebida mediante conceitos. Essa exigência de toda cognição é satisfeita por diferentes métodos de investigação. Ela assume um significado especial para a exposição científica, já que nesta a objetividade da apresentação é elevada ao seu grau mais puro. O escrito científico não apresenta a verdade apenas segundo o conteúdo. Nele, a prova da verdade deve ser imanente à forma da exposição, o que faz com que esta seja vertebrada e inervada pelo nexo argumentativo que sustenta a pretensão de verdade erguida. "Com a mesma necessidade rigorosa com a qual os conceitos se juntam uns aos outros no entendimento, têm eles de se reunir também na apresentação, e a continuidade na exposição tem de corresponder à continuidade na ideia" (NA 21, p. 5). A pura objetividade da apresentação, obtida mediante conceitos, é o princípio de individuação da exposição científica e, como tal, sua ideia reguladora: o *telos* do qual ela deve se aproximar e efetivamente se aproxima quanto mais a forma e o conteúdo tendem a se constituir num todo indiferenciado.

Isso porém não significa que esse *telos* seja exclusivo da exposição científica. Ela certamente deve visá-lo em sua pureza, mas as exposições popular e estética também se deixam regular por ele, embora busquem atingi-lo com procedimentos diversos, nos quais é concedida maior liberdade à imaginação. Os diferentes graus de objetividade da apresentação não só correspondem à variação da força da pretensão de verdade, como permitem ver melhor o *status* dessa pretensão nas diferentes formas de exposição. Na medida em que não ultrapassa os limites do possível e do desejável, não sendo assim capaz de garantir a realidade de suas representações, dada a enorme liberdade com a qual a imaginação se move, a pretensão de verdade erguida pela exposição bela é tão somente verossímil. Como se apoia no sentimento, pelo que pode afirmar que o que é, é, mas não que tenha de ser assim, a pretensão de verdade de uma exposição popular tem a força de uma convicção subjetiva. Ambas contrastam com a exposição científica, na qual a objetividade da exposição se expressa na universalidade e na necessidade dos seus enunciados centrais, pelo que sua pretensão de verdade é apodítica.

A exposição científica é própria ao *saber* em sentido enfático, pois ergue para os seus argumentos a pretensão de que sejam objetiva e subjetivamente suficientes. No entanto, não se pode afirmar que, assim como a exposição científica está para o saber, a exposição estética está para a opinião e a popular para a crença.[16] Fosse esse o caso, teríamos de admitir que as exposições estética e popular deveriam ser receptivas a uma intromissão da subjetividade análoga àquela que torna amaneirada uma obra de arte. O que nas obras do pensamento equivaleria à maneira nas obras de arte seria a falta de probidade intelectual, o fazer passar opiniões e crenças como se fossem um saber. O saber não proíbe o crer e o opinar, mas também só os admite em sua própria esfera, ou seja, em apresentações da verdade, se ao menos puderem se candidatar à condição de um saber – portanto, se se deixarem resgatar (ou recusar) mediante argumentos. Na arte como no pensamento, a objetividade da apresentação está sempre à prova.

Assim como a apresentação da verdade exige que o objeto tenha sido apreendido pelo entendimento, a elaboração de uma obra poética requer algo semelhante.

> É pressuposto que, em sua imaginação, o poeta entendeu *verdadeira, pura* e *inteiramente* toda a objetividade do seu objeto (*Gegenstand*) – o objeto (*Objekt*) já se encontra *idealizado* (ou seja, transformado em forma pura) diante da sua alma, e trata-se apenas de *apresentá-lo exteriormente*. Para isto é exigido que este objeto do seu ânimo não sofra nenhuma heteronomia por parte da natureza do medium no qual é apresentado. (*NA* 26, p. 227; *K*, p. 116)

As obras do pensamento se articulam na mesma matéria, no mesmo *medium* no qual as obras poéticas ganham vida, o que nos leva ao encontro do problema da linguagem e dos seus usos, pois essa matéria, esse *medium*, são as palavras. Em que consiste a sua natureza?

---

16. Sobre os conceitos de saber, crer e opinar ver Kant (1994, A 820-831, B 848-859; 1992, A 98-110).

As palavras, diz Schiller, são "signos abstratos para espécies, gêneros, nunca para indivíduos" (*NA* 26, p. 227; *K*, p. 116). O que salta aos olhos nessa primeira determinação da linguagem em geral – o caráter abstrato e tendencialmente universal dos signos linguísticos – é a sua afinidade com o interesse do entendimento e sua resistência ao da imaginação, pois enquanto aquele exige a abstração e a universalidade, esta se esforça pela concreção e a individualidade. A formação das frases é regida por regras. A gramática é o sistema dessas regras. Para o poeta, a principal dificuldade não está na ausência de similaridade material (identidade) entre as palavras e as coisas, pois o mesmo se dá entre o homem e uma estátua que o represente, e sim na similaridade formal (imitação) entre ambas. Para Schiller, a relação entre o signo e a coisa é arbitrária, convencional.

> No entanto, também isto não significa muito, pois não se trata do que a palavra é em si mesma, e sim de qual representação ela desperta. Se houvessem em geral apenas palavras ou frases que representassem o caráter mais individual das coisas, suas relações mais individuais e, em suma, toda a peculiaridade objetiva do individual, então seria irrelevante se isto acontecesse por *conveniência* ou por necessidade interna. Mas é justo isso o que falta. (*NA* 26, p. 227-228; *K*, p. 116-117)

Como então reparar essa falta? Como transpor esse abismo? Como restituir, mediante signos abstratos que se aplicam a uma infinidade de indivíduos, "a peculiaridade objetiva do individual"? O interesse da imaginação é solidário ao da poesia, mas ambos se chocam com o interesse do entendimento, que tem na natureza da linguagem uma aliada espontânea. Mas o problema não se resume a esse aspecto da resistência da linguagem a deixar-se moldar poeticamente numa configuração que restitua o individual como uma totalidade viva. Ele se estende igualmente à "designação das *relações*" (*NA* 26, p. 228; *K*, p. 117). Segundo Schiller, a situação aqui é ainda mais delicada, pois a designação das relações "é efetuada segundo regras aplicáveis ao mesmo tempo a casos incontáveis e totalmente heterogêneos" (*NA* 26, p. 228; *K*, p. 117). Essas regras, por sua vez, "são ajustadas a uma representação individual apenas através de uma operação particular do entendimento" (*NA* 26, p. 228; *K*, p. 117).

Como na exposição bela da verdade, também aqui é preciso encontrar algo análogo ao ponto de convergência dos interesses da imaginação e do entendimento. Naquele caso, ambos os interesses estão satisfeitos se a liberdade externa e a rigorosa necessidade interna sustentam uma à outra no todo da exposição. No entanto, o ponto de convergência a ser buscado pelo artista não se deixa encontrar numa perfeita analogia entre a poesia e o pensamento discursivo, pois se neste a necessidade interna pode vertebrar a forma externa de tal modo que o interior e o exterior se confundam na mais rigorosa unidade, como quer o *telos* da pura objetividade da apresentação na exposição científica, se esta pode mesmo prescindir da clareza estética sem que com isso os conceitos resultem vazios, a poesia não pode abdicar dos conceitos, sob pena de tornar cegas suas intuições. A designação das relações envolve procedimentos analíticos e sintéticos, pelo que os conceitos são mobilizados e pretensões de verdade erguidas, ainda que o entendimento o faça num domínio em que a imaginação é soberana. Para entrar em acordo com o entendimento, a imaginação terá de absorver uma inevitável perda qualitativa e, por assim dizer, recuar um passo, se quiser abrir espaço para o seu próprio interesse. Em outras palavras, como a imaginação concede ao entendimento o que é obrigada a ceder à natureza resistente da linguagem, sempre terá de tentar compensar uma perda qualitativa em proveito do interesse da poesia. Afinal, se o que a representação poética almeja é a figuração da "peculiaridade objetiva do individual" num *medium* cuja natureza é refratária ao individual, então a força da linguagem antes enfraquece o que por ela deve ser apresentado à imaginação. "Antes de ser levado diante da imaginação e transformado numa intuição, o objeto a ser apresentado tem, pois, de *tomar um desvio bastante longo* através da região abstrata dos conceitos, no qual perde muito de sua vivacidade (força sensível)" (*NA* 26, p. 228; *K*, p. 117).

Eis então a aporia da linguagem poética:

> A *natureza* do medium, do qual o poeta se serve, consiste 'numa tendência para o *universal*', estando por isso em conflito com a designação do individual (que é o problema). A linguagem coloca tudo diante do *entendimento,* e o poeta deve trazer (apresentar) tudo diante da *imagina-*

ção; a arte da poesia quer *intuições,* a linguagem oferece apenas *conceitos.* (*NA* 26, p. 228; *K,* p. 117)

Ou bem o objeto é apresentado numa situação de heteronomia, ou bem é levado ao entendimento e apenas descrito. Schiller propõe a seguinte solução para esta aporia:

> O poeta não tem em parte alguma nenhum outro meio para apresentar o particular senão a *composição* artificial *do universal.* (...) Se uma apresentação poética deve, pois, ser livre, então o poeta tem de "*superar a tendência da linguagem para o universal pela grandeza de sua arte e vencer o material* (palavras e suas leis de flexão e construção) *pela forma* (a saber, pela aplicação da mesma)." A natureza da linguagem (precisamente essa sua tendência para o universal) tem de submergir inteiramente na forma que lhe é dada, o corpo tem de se perder na ideia, o signo no designado, a efetividade no fenômeno.[17] O que deve ser apresentado tem de surgir livre e vitorioso do elemento de apresentação e, apesar de todos os grilhões da linguagem, estar presente em toda a sua verdade, vivacidade e personalidade diante da imaginação. Numa palavra: a beleza da apresentação poética é "*a livre autoação da natureza nos grilhões* da linguagem". (*NA* 26, p. 228-229; *K* 117-118)

---

17. Segundo Schiller, esta exigência é espontaneamente satisfeita pela "expressão ingênua", pela qual o gênio exibe toda a sua graça. "Com essa graça ingênua, o gênio exprime os seus pensamentos mais sublimes e profundos; são oráculos divinos na boca de uma criança. Enquanto, sempre receoso do erro, o entendimento escolar prega suas palavras e conceitos na cruz da gramática e da lógica; é duro e inflexível para não ser impreciso; é prolixo para não dizer demais, e de preferência diminui a força e a agudeza de seu pensamento para não ferir o desavisado, o gênio empresta ao seu, com uma única e bem-sucedida pincelada, um contorno eternamente determinado, firme e, não obstante, totalmente livre. Se lá o signo permanece eternamente heterogêneo e estranho ao designado, aqui a linguagem brota do pensamento como por necessidade interna e lhe está tão unida, que o espírito aparece como que despido, mesmo sob o véu corpóreo. Esta espécie de expressão, onde o signo desaparece por inteiro no designado, e onde de certo modo a linguagem põe a nu o pensamento que exprime, lá onde a outra espécie nunca pode expô-lo sem ao mesmo tempo velá-lo, é aquilo que se chama genial e cheio de espírito no estilo" (Schiller, 1991, p. 52).

Vencer o material pela forma é dar a palavra às coisas, mas de tal modo que tudo se passasse como se elas mesmas tivessem tomado a palavra e se posto a falar. A poesia toca um dos seus extremos quando a "coisa" a ser dada à palavra é a "alma" e os seus estados – como, por exemplo, na lírica ou num monólogo dramático. Schiller referiu-se a essa situação num dístico famoso, cujo título é "Linguagem", publicado no *Almanaque das musas para o ano de 1797*: "Por que o espírito vivo não pode aparecer ao espírito! / Se a alma *fala*, ah! então já não mais fala a *alma*" (*NA* 1, p. 302).[18] O que esse dístico expressa, especialmente se o lemos à luz das reflexões de Schiller sobre as aporias do uso poético da linguagem, é a tensão presente no desejo utópico de uma comunicação direta entre os espíritos, de uma autoexpressão imaculada e unívoca, desejo sempre colhido, refratado e decomposto pelo prisma da linguagem, sempre maculado pela intransparência da comunicação, pela não-identidade entre sujeito e objeto, linguagem e mundo. Essa tensão retorna em versos que manifestam um resíduo de tristeza diante da força da linguagem em sua indiferença à vontade poética, contra a qual resiste: "Pena que o pensamento / tenha primeiro de decompor-se em elementos mortos / na linguagem, que a alma tenha de esvair-se em esqueleto / para aparecer para a alma; / dê-me, amigo, o espelho fiel que *totalmente* / acolhe meu coração e *totalmente* o reflete" (*NA* 28, p. 179).[19]

Mas se quando a *alma* fala, já não fala a *alma*, fala a *forma*. Nela a alma é salva pelo que a cala: o *medium* da linguagem. Sua "gramática" transcendental, as regras segundo as quais – e "desde sempre" – unimos representações, assinalam os limites da poesia possível: a configuração do particular pela "*composição* artificial *do universal*". As reflexões de

---

18. "Warum kann der lebendige Geist dem Geist nicht erscheinen! / *Spricht* die Seele so spricht ach! schon die *Seele* nicht mehr." No dístico seguinte, "Aos poetas", Schiller observa: "Deixe que a linguagem seja para ti o que o corpo é para os amantes; / ele é apenas o que separa os seres e o que reúne os seres". "Laß die Sprache dir seyn, was der Körper den Liebenden; er nur / Ists, der die Wesen trennt und der die Wesen vereint."
19. Carta a W. von Humboldt, Jena, 1º de fevereiro de 1796. "O schlimm, daß der Gedanke / Erst in der Sprache todte Elemente / Zerfallen muß, die Seele zum Gerippe / Absterben muß, der Seele zu erscheinen; / Den treuen Spiegel gieb mir, Freund, der *ganz* / Mein Herz empfängt und *ganz* es wiederscheint."

Schiller sobre os signos linguísticos parecem sugerir que o "gênio" da linguagem é antes filosófico do que poético, que sua natureza tendencialmente abstrata e universal seria muito mais afeita às exigências do entendimento que às da imaginação. Mas o abismo entre as palavras e as coisas assombra tanto a poesia quanto a filosofia: ambas buscam transpô-lo recorrendo tão somente ao que lhes resta: a própria linguagem e o esforço de ultrapassá-la nela mesma. Salvar pela linguagem o que é suprimido por ela, salvar o individual: eis o que faz com que ambas se entreguem à tragédia – e à utopia – da linguagem. Habitando o mesmo *medium*, o mesmo elemento, compartilham a mesma nostalgia: a nostalgia do nome – ou, nos termos de Schiller, o anseio pela apresentação da natureza da coisa. A bela exposição da verdade quer salvar e devolver ao pensamento discursivo o que este sacrifica em sua marcha: a integridade dos fenômenos em sua completa individualidade. Por sua vez, o pensamento discursivo quer fazer com que as intuições estéticas abram os olhos e se vejam refletidas na universalidade do conceito. Sob esse aspecto tão essencial, a poesia e a bela exposição da verdade harmonizam a imaginação, soberana no território da beleza, e o entendimento, soberano no da verdade, sob um interesse mais alto: o da unidade da razão, enquanto esta representa a unidade do homem na totalidade de sua natureza mista.

Diante do que se afigura simplesmente impossível – a apresentação do individual –, é preciso então reconsiderar em que consiste a pura objetividade da apresentação, ou seja, o estilo como o princípio supremo das artes. Num pequeno artigo publicado em 1789, "Sobre simples imitação da natureza, maneira, estilo", Goethe definiu esses três conceitos de um modo tal, que suas definições prefiguram as de Schiller, embora nelas falte uma referência explícita ao problema da linguagem. Essa profunda afinidade entre Goethe e Schiller, de resto anterior ao momento em que passaram a colaborar um com o outro, me dispensa de apresentar e comentar esse texto, do qual gostaria de reter apenas algo que se lê bem ao final: que o estilo é "o grau supremo que a arte jamais alcançou e jamais pode alcançar" (Goethe, 1998, vol. 12, p. 34). Se se toma esse enunciado na atmosfera filosoficamente mais densa do idealismo de Schiller, tem-se então o que talvez pudesse figurar como a sua conclusão sobre a aporia da linguagem poética: que a pura objetividade da apresentação só se legitima como o princípio supremo das artes se tomada como uma ideia reguladora. Em outras palavras, que a figuração da "peculiaridade objetiva do individual" é o objeto de uma tarefa infinita, de uma aproximação ao infinito em curso no *medium* da linguagem. Penso que essa conclusão está em perfeita sintonia com a própria tese de Schiller sobre o belo como um imperativo, especialmente se se leva em conta que o estilo estaria para a produção artística assim como a lei moral para a ação.

> O belo não é um conceito da experiência, mas antes um imperativo. Ele é certamente objetivo, mas apenas como uma tarefa necessária para a natureza sensível e racional; na experiência efetiva, porém, ela permanece habitualmente não satisfeita (…). É algo inteiramente subjetivo se sentimos o belo como belo, mas isto deveria ser objetivo. (*NA* 27, p. 70-71)

A bela exposição das verdades filosóficas não é estranha a esse imperativo, embora o cumpra sob as condições de um esquematismo rigorosamente dialético, como notou Schiller em sua polêmica com Fichte, pois seu "valor estético" estaria antes na *ação recíproca* que na simples *alternância* entre imagens e conceitos. Esse procedimento, do qual as cartas sobre a educação estética são o melhor exemplo, tem como fundamento um princípio normativo, cuja dedução se deixa ver agora como uma via de mão dupla: enquanto estabelece os limites necessários do belo na apresentação das verdades filosóficas, ela não nos dá apenas a chave da filosofia poética de Schiller, pois também aponta para os limites necessários no sentido inverso – o do uso das verdades filosóficas no *medium* da bela aparência –, contendo assim a chave de sua *Gedankenlyrik*, de sua *poesia filosófica*.

A ESPECIFICIDADE DO ESTÉTICO
E A RAZÃO PRÁTICA EM SCHILLER

I

O problema da unidade da razão na autonomia das formas fundamentais da racionalidade – a teórica, a prática e a estética – é um dos motivos centrais do pensamento de Friedrich Schiller. Embora esse motivo seja de proveniência kantiana, Schiller não hesitou em voltá-lo contra Kant, como veremos, e mesmo contra Fichte (Barbosa, 2004, p. 46-47). No que se segue, gostaria de colocar em evidência um aspecto do seu desenvolvimento – o da relação entre a especificidade do estético e as exigências da razão prática –, analisando-o à luz do ensaio "Sobre a utilidade moral dos costumes estéticos" (NA 21, p. 28-37).[1] Ele remonta à correspondência entre Schiller e o Príncipe de Augustenburg ao longo de 1793 e, portanto, à primeira versão das cartas *Sobre a educação estética do homem* (1794-1795).

No centro do problema dos "costumes estéticos", como a expressão mesma já o sugere, está a pergunta sobre se e em que sentido o gosto é não só capaz de promover a moralidade, como também de prejudicar sua realização. Como registra a correspondência com Christian Gottfried Körner, em outubro de 1793 Schiller pensava em se haver com esse problema em um artigo sobre a sociabilidade estética – *der ästhetische Umgang (NA* 26, p. 289). De certo modo, esse escrito daria continuidade a "Sobre graça e dignidade", editado por Göschen poucos meses antes; portanto, era natural que Schiller desejasse vê-lo publi-

---

[1]. Uma tradução de "Sobre a utilidade moral dos costumes estéticos" encontra-se em Barbosa (2004, p. 55-67).

cado pelo mesmo editor já no ano seguinte. Àquela altura, porém, o principal "interlocutor" de Schiller era o seu mecenas, o Príncipe de Augustenburg, com quem iniciara uma correspondência sobre questões estéticas em fevereiro daquele ano – 1793. Por essa circunstância, as ideias que pensara para o trabalho sobre a sociabilidade estética foram em parte desenvolvidas nas duas cartas ao Príncipe escritas em dezembro e em dois artigos: "Sobre o perigo dos costumes estéticos" e "Sobre a utilidade moral dos costumes estéticos". Publicados respectivamente nos números de novembro de 1795 e de março de 1796 de *Die Horen*, ambos foram frutos de uma temporada em Ludwigsburg: o primeiro, do outono; o segundo, do inverno de 1793. A rigor, "Sobre a utilidade moral dos costumes estéticos" corresponde, com poucas modificações, ao texto da carta de 3 de dezembro ao Príncipe de Augustenburg (*NA* 26, p. 322-333; *CEL* p. 135-152),[2] da qual Schiller suprimiu, além das alusões pessoais, os dois primeiros e os quatro últimos parágrafos.

O primeiro parágrafo dessa carta anuncia a questão central acerca do nexo entre o estético e a razão prática: "Tenho a responder a pergunta sobre *quanto a virtude ganha através do gosto*" (*NA* 26, p. 322; *CEL* p. 135). Seja em suas preleções sobre estética do semestre de inverno de 1792-1793, seja na correspondência com Körner em janeiro e fevereiro de 1793 sobre o problema do fundamento objetivo do belo, seja nos diversos escritos sobre o trágico, o sublime e o patético, como também em "Sobre graça e dignidade" e, naturalmente, na correspondência com o Príncipe de Augustenburg, Schiller ocupou-se, de diferentes maneiras, com o nexo entre o estético e a razão prática, mas sempre em confronto direto ou indireto com Kant. Como se lê no segundo parágrafo da carta citada, Schiller se declarava "perfeitamente *kantiano*" quanto ao "ponto principal da doutrina dos costumes" – ou seja, a tese segundo a qual uma ação só pode ser considerada como moral se o seu fundamento de determinação for somente o "respeito à lei da razão" e não as inclinações (*NA* 26, p. 322; *CEL* p. 135). Ao mesmo tempo, Schiller reagia implicitamente aos comentários que Kant fizera a propósito de

---

2. A abreviatura *CEL* se refere à edição brasileira desta correspondência: *Cultura estética e liberdade. Cartas ao Príncipe de Augustenburg, fevereiro-dezembro de 1793*. Organização, introdução e tradução de Ricardo Barbosa. São Paulo: Hedra, 2009.

"Sobre graça e dignidade", em uma longa nota de rodapé na segunda edição de *A religião nos limites da simples razão* (1794), preparando-se para defender a utilidade moral dos costumes estéticos contra os traços ascéticos da ética kantiana.

Embora tenha suprimido os dois primeiros parágrafos dessa carta quando a revisou para publicação, Schiller não recuou diante de sua divergência com Kant. Acenando para a continuidade de suas reflexões sobre o nexo entre o estético e a razão prática, ele abria o artigo referindo-se ao trabalho "Sobre o perigo dos costumes estéticos", recentemente publicado, pois pretendia agora destacar a outra face do problema, já indicada no título que escolhera: a *utilidade moral* dos costumes estéticos. Segundo a tese do artigo anterior, o *perigo* dos "costumes estéticos" se afigura sempre que a vontade se deixa determinar pelo gosto. Com isso, Schiller chamava atenção para uma forma específica de heteronomia da vontade. Essa forma de heteronomia seria um derivado perverso de uma legítima exigência do gosto: a de que a razão e a sensibilidade se afinem pela clave do prazer livre e desinteressado. Mesmo assim harmonizadas, há o perigo de que esse livre acordo entre elas degenere num pacto velado e ilegítimo, resultando na deposição da razão pela imaginação precisamente na esfera em que aquela deve legislar sem contrastes: a esfera da ação moral. Em suma, o perigo consiste em que a imaginação – a legisladora soberana da esfera do gosto – tome como *necessária* a convergência *contingente* entre a sensibilidade e o dever, usurpando assim o lugar da razão, o poder soberano na esfera do dever.

A tese central de "Sobre a utilidade moral dos costumes estéticos" é a contraface do argumento de "Sobre o perigo dos costumes estéticos": embora o gosto não possa "*produzir* algo de moral através de sua influência", pois a razão prática não pode ter como base o sentimento da beleza, ele ainda assim é capaz de "*favorecer* a moralidade" (*NA* 21, p. 28). Diga-se de passagem que Schiller não faz aqui nenhuma distinção entre a eticidade (*die Sittlichkeit*), o ético (*das Sittliche*) e a moralidade (*Moralität*), ou entre o sentimento da beleza (*Schönheitsgefühl*) e o gosto (*Geschmack*). Pois bem, o gosto pode favorecer a moralidade – esta é a tese de Schiller; mas é preciso mostrar *como* ele pode fazê-lo.

II

Schiller distingue entre a liberdade física e a liberdade moral. Pela primeira, simplesmente seguimos a nossa vontade; pela segunda, determinamos racionalmente a nossa vontade. Sob ambos os aspectos, a possibilidade de agir livremente pode dever-se a um fundamento externo: a simples ausência de obstáculos. É nesse sentido que se diz que alguém recebeu a liberdade de um outro, embora se saiba que a liberdade implica a independência de toda determinação alheia. No entanto, lembra Schiller, é também nesse sentido que se diz que o gosto pode favorecer a virtude, embora a virtude não possa ser dada ou recebida. Em suma, quando contribui para eliminar obstáculos que impedem a determinação racional da vontade, o gosto pode favorecer a moralidade como o seu fundamento externo.

A mera ausência de obstáculos não desqualifica uma ação física ou moralmente livre, pois o fundamento tanto de uma quanto de outra não é externo. Mas a existência de obstáculos pode impor dificuldades às ações, pelo que existem "graus de liberdade" e "graus de moralidade" de acordo com os quais a vontade e a razão fazem valer seu poder de determinação perante forças contrárias. Uma ação moralmente correta é aquela que é realizada pura e simplesmente porque é moral – e não porque é agradável, ou seja, pela gratificação sensível que pode proporcionar. A imoralidade efetiva resulta, pois, da "colisão do bom com o agradável", "da apetição com a razão", assim como a sua fonte se encontra seja na "força dos impulsos sensíveis", seja na "fraqueza" da "vontade moral" (*NA* 21, p. 30).

A moralidade pode ser promovida (ou impedida) de dois modos: pelo fortalecimento da razão e da vontade moral (contra a força dos impulsos sensíveis) ou pelo enfraquecimento do poder das tentações (a favor de uma razão e de uma vontade moral ainda fracas). Embora esta segunda via não incida diretamente sobre a vontade moral, mas sobre o que pode enfraquecê-la, isso não chega a comprometer a moralidade da ação, pois não se trata aqui de uma má vontade, e sim apenas de uma boa vontade ainda fraca. Daí o princípio enunciado por Schiller nesse passo: "aquilo que promove verdadeiramente a moralidade é o que aniquila a resistência da inclinação contra o bom" (*NA* 21, p. 30).

Ao falar em graus de liberdade e em graus de moralidade, Schiller se afasta da doutrina kantiana no mal radical, da qual, aliás, nunca esteve convencido. Já em sua correspondência com Körner sobre o projeto de *Kallias*, Schiller se manifestara contra aquela convicção de Kant (*NA* 26, p. 219; *K*, p. 108), assim como o faria novamente numa carta a Goethe de 2 de agosto de 1799, na qual deplora o tratamento "demasiadamente monástico" dispensado por Kant à relação entre a vontade livre e a matéria:

> nunca pude ser reconciliado com isso. Todo o seu fundamento de decisão baseia-se em que o homem tem um impulso positivo para o bem, assim como para o bem-estar sensível; portanto, se ele escolhe o mal, também precisa de um fundamento *positivo interno* para o mal, pois o positivo não pode ser superado por algo meramente negativo. Aqui, porém, duas coisas infinitamente heterogêneas, o impulso para o bem e o impulso para o bem-estar sensível, estão tratadas inteiramente como potências e quantidades iguais, pois a personalidade livre é colocada igualmente *contra* e *entre* ambos os impulsos. (*NA* 30, p. 77)

Pouco antes, e também numa carta a Goethe, de 21 de dezembro de 1798, na qual se dizia "ansioso" para ler a *Antropologia* de Kant (já que nela o "lado patológico" do homem, recorrente em seus escritos como o motivo que "dá à sua filosofia prática um aspecto tão rabugento", talvez encontrasse o seu lugar), Schiller afirmaria que em Kant, "como em Lutero", haveria algo que "lembra um monge que, na verdade, abriu seu mosteiro, mas não pôde exterminar totalmente os vestígios deste" (*NA* 30, p. 15).[3] Para Schiller, o "mal" consistia no predomínio do impulso sensível – e não em uma disposição natural humana. O impulso sensível, cuja exigência de satisfação tende a se impor incondicionalmente sobre

---

3. O comentário remete a uma famosa passagem de *Sobre graça e dignidade*: "Na filosofia moral kantiana, a ideia do *dever* é apresentada com uma dureza que todas as Graças recuam assustadas diante dela, e poderia facilmente induzir um fraco entendimento a procurar a perfeição moral pela via de um ascetismo sombrio e monástico" (*NA* 20, p. 284).

a vontade, é o "inimigo interno natural da moralidade", o antagonista da razão e das leis morais, sob as quais deve estar a vontade (*NA* 21, p. 30).

A vontade é, assim, o cenário de um conflito entre o impulso sensível e a determinação racional. Um ânimo rude, carente de formação moral e estética, é dominado pela apetição, pelas exigências do impulso sensível. Um ânimo moral, mas carente de formação estética, age em conformidade com a lei da razão e por ela supera resistências e tentações. Já os ânimos "esteticamente refinados" contam com um diferencial: o gosto, capaz de fazer as vezes da virtude ou de facilitá-la.

"Moderação e decoro", aversão ao que é "anguloso, duro e violento", receptividade ao que é composto com "leveza e harmonia": eis as exigências do gosto (*NA* 21, p. 31). O gosto é um traço do homem civilizado, capaz de conter os rudes impulsos sensíveis, observando o "bom tom" como uma "lei estética" (*NA* 21, p. 31). Como sabe conter a manifestação dos seus sentimentos, pode também dominá-los, dispondo assim da capacidade de romper com a passividade de sua alma pela autoatividade e de introduzir a reflexão na passagem dos sentimentos à ação. Esse domínio sobre a natureza e seus impulsos, embora não engendre a virtude, cria condições favoráveis para o cultivo racional da vontade; como diz Schiller, ele "abre espaço para a vontade voltar-se para a virtude" (*NA* 21, p. 31). Schiller admite que, através do gosto, a vontade acede a uma forma peculiar de liberdade. Embora ainda não a chame de *liberdade estética*, como só o fará nas cartas *Sobre a educação estética do homem*, ela não se confunde com a liberdade moral. Mas enquanto "liberta o ânimo do jugo do instinto", neutralizando assim a ação do antagonista da liberdade moral, o gosto pode se revelar como um novo inimigo, tanto mais sutil quanto melhor se apresente "sob a capa de amigo", pois também o gosto é movido pelo prazer (*NA* 21, p. 32). Ainda que este prazer seja nobre, porque radicado na razão, ele não pode fundar a moralidade, já que esta exclui a determinação da vontade pelo prazer.

Para um ânimo esteticamente cultivado não bastam apenas as inclinações sensíveis. O gosto refinou suas exigências, tornando-o afeito a inclinações "mais nobres e mais suaves", a desejos de "ordem", "harmonia", "perfeição". Tais inclinações não são virtudes, mas "partilham *um* objeto com a virtude"; pois se, por um lado, o gosto é vigilante quando o apetite toma a palavra, por outro, quando a razão exige ordem, harmonia e perfeição nas ações, conta com a aprovação – e não com a resistência – da inclinação (*NA* 21, p. 32). Daí os *dois* modos pelos quais a eticidade pode se manifestar: com ou sem a mediação dos sentidos. No primeiro caso, a moção de que algo aconteça – ou não aconteça – é feita ao ânimo pela sensibilidade e é julgada pela vontade de acordo com a lei da razão; no segundo, a moção é feita diretamente pela razão, sem a mediação dos sentidos, cabendo à vontade obedecer a ela.

Esses dois modos de manifestação da eticidade são considerados por Schiller mediante dois exemplos. O primeiro, que remonta aos *Acontecimentos memoráveis da vida do Imperador grego Alexis Komnenos*, da princesa grega Anna Komnena, apresenta a situação de um prisioneiro que, a caminho da morte, vê-se tentado a assassinar o general que o escolta, mas resiste a esta tentação. O segundo relembra o feito heróico do Duque Leopold von Braunschweig, que não hesitou em lançar-se nas águas caudalosas do rio Oder para tentar salvar – sem sucesso e ao preço da própria vida – as vítimas de uma terrível inundação. Ambos agiram moralmente; ambos submeteram a vontade à razão, embora o Duque tenha tido de vencer o impulso de autoconservação pela consciência do dever.

Esses mesmos exemplos são também considerados sob a hipótese de como o prisioneiro e o Duque teriam agido se o gosto tivesse desempenhado algum papel em suas decisões. No primeiro caso, se se admite que o condenado à morte resistira a ganhar a própria liberdade pelo assassinato do seu guardião, não por respeito à justiça, mas por força de um sentido estético incapaz de tolerar gestos infames e violentos, sua decisão teria sido tomada à base do sentimento, e não da consciência moral. Sua ação seria conforme à lei, mas "moralmente indiferente": enraizada no sentimento, apresentar-se-ia como "um mero efeito belo da natureza" (*NA* 21, p. 34). Se se admite que o segundo também tivesse um gosto apurado e afeito aos grandes gestos, então a razão e a sensibilidade teriam se unido como uma única força: ele teria feito valer o dever *com* – e não contra – a inclinação. O fato de que ele teria respeitado a prescrição da razão com alegria não comprometeria a "pureza ética" de sua ação: ela seria moralmente perfeita e fisicamente ainda mais perfeita, pois revelaria um ânimo inteiramente adequado à virtude.

Eis porque Schiller defende o gosto como um poderoso aliado da virtude: ele filtra as inclinações, dando livre curso apenas àquelas que lhe são favoráveis. Como foi visto, ele pode ser útil à moralidade de duas maneiras. Enquanto instância de decisão da ação, conforma feitos muito mais moralmente indiferentes do que verdadeiramente morais. Porém, Schiller adverte que a "excelência dos homens" não está "na maior *soma* de ações *rigorístico-morais isoladas*, e sim na maior congruência de toda a disposição natural com a lei moral" (*NA* 21, p. 34). E o que vale para os homens individualmente, argumentava Schiller, vale também para povos e épocas inteiras. A frequência com que se fala da moralidade e de feitos morais individuais seria, segundo ele, um sintoma de debilidade cultural. Uma cultura desejável seria aquela na qual simplesmente não mais se falasse sobre isto. Por outro lado, os costumes estéticos adquirem uma utilidade positiva quando vêm em socorro ao apelo da razão contra as ameaças dos impulsos naturais. O gosto então "harmoniza nossa sensibilidade em proveito do dever", impedindo que mesmo uma vontade moral mais fraca resulte aquém da virtude (*NA* 21, p. 35).

III

Se se admite que o gosto não representa nenhum obstáculo para a moralidade, que inclusive favorece a legalidade das nossas ações, então é preciso extrair as consequências desta afinidade entre o estético e o moral. Em poucas palavras, tais consequências resultam da tomada de consciência da unidade do físico e do espiritual, do natural e do moral. Enquanto o *forum* moral exige que nossas ações decorram de nossas convicções, o *forum* físico requer que elas favoreçam o fim da natureza. No entanto, as ordens moral e física perfazem uma unidade tal que a conformidade a fins moral de uma ação em sua forma corresponde à conformidade a fins física em seu conteúdo, pelo que Schiller distingue o bem como sendo, ao mesmo tempo, o fim supremo possibilitado pela natureza e um meio para a manutenção da ordem natural. A unidade das ordens moral e física é tal que a violência que se faz a uma recai sobre a outra.

Schiller era suficientemente "realista" para admitir que seria ingênuo esperar que a conduta humana se orientasse imperturbavelmente pelo norte da virtude. Atento à vulnerabilidade das ordens moral e física, assim como ao vínculo delicado que as une, Schiller insistia em que ao menos as exigências da natureza fossem satisfeitas pelas nossas ações. Com isso, certamente permanecíamos em débito para com a razão, mas não para com o fim da natureza, do qual teríamos sido "instrumentos perfeitos" (*NA* 21, p. 36). Face à contingência da virtude, é preciso garantir ao menos a legalidade das ações humanas como condição necessária ao impedimento da desagregação social. Schiller não poderia ter sido mais enfático na escolha de um exemplo expressivo dessa situação de risco. Como o louco que, na iminência de uma crise, se afasta de tudo que possa usar contra a sua própria integridade, chegando mesmo a pedir que o imobilizem, pois assim evitaria os males que poderia causar e pelos quais seria responsabilizado, nossa natureza vulnerável carece da *religião* e das "leis estéticas" como algo que nos ate e assim impeça que nossas paixões, uma vez descontroladas, violem a ordem física.

Se a religião e o gosto figuram aqui no mesmo plano, é porque ambos estariam em condições de produzir um efeito moral: como substitutos da "verdadeira virtude", poderiam ao menos "assegurar a legalidade onde não se é de esperar a moralidade" (*NA* 21, p. 36). Como se vê, Schiller determina a utilidade moral (e o perigo) dos costumes estéticos segundo a distinção entre moralidade e legalidade formulada na *Crítica da razão prática*:

> O essencial de todo o valor moral das ações depende de *que a lei moral determine imediatamente a vontade*. Se a determinação da vontade acontece *conforme* a lei moral, mas apenas mediante um sentimento, seja ele de que tipo for, que tem de ser pressuposto para que aquele se torne um fundamento de determinação suficiente da vontade, portanto, não *por causa da lei*, então a ação conterá *legalidade*, mas não *moralidade*. (Kant, 1983, vol. 6, A 126-127)

Os costumes estéticos seriam, então, moralmente úteis de um duplo modo: *indiretamente*, enquanto promovem a legalidade, pois, nesse caso, estamos diante de ações cujo fundamento de determinação é sensível, embora exibam uma similaridade à moral; *diretamente*, enquanto se trata de ações conformes à moral tanto na forma quanto no conteúdo, pois, nesse caso, a determinação da vontade não se dá ao preço do recalque das inclinações, mas à base da aliança – promovida pelo gosto – entre a razão e a sensibilidade. Aquele que não carece nem do gosto, nem da religião, nem do "atrativo da beleza", nem da "perspectiva de uma imortalidade" para agir em conformidade ao dever, dizia Schiller, desfrutaria de "uma alta posição na categoria dos espíritos"; mas a vulnerabilidade humana nos obriga – inclusive ao "mais rígido ético" (e Schiller se dirige aqui a Kant) – a ser rigorosos na teoria e prudentes em sua aplicação, de modo que o bem da humanidade, sempre ameaçado pela contingência da virtude, seja assegurado, uma vez ancorado na religião e no gosto (*NA* 21, p. 37).

No entanto, esse nivelamento da religião e do gosto não significa que ambos poderiam substituir a virtude em igualdade de condições, como adverte Schiller nos quatro últimos parágrafos de sua carta ao Príncipe de Augustenburg, suprimidos em sua versão impressa como artigo.

> Onde nenhuma cultura estética abriu o sentido interno e aquietou o sentido externo, e as sensações mais nobres do entendimento e do coração ainda não limitaram as necessidades comuns dos sentidos, ou nas situações em que também o maior refinamento do gosto não pode impedir o impulso sensível de insistir numa satisfação material – aí está a religião, que também indica um objeto ao impulso sensível e lhe assegura, aqui ou ali, uma indenização para vítimas que ele tem de trazer à virtude. (...) A religião é para o homem sensível o que o gosto é para o refinado, o gosto é para a vida habitual o que a religião é para os momentos extremos. Contudo, num destes dois apoios, quando não de preferência em ambos, *temos* de nos segurar, na medida em que não somos deuses. (*NA* 26, p. 331; *CEL* p. 149 e 151)

Como se vê, a utilidade moral da religião só se faz sentir onde a cultura estética ainda não penetrou e se fez valer como a autêntica formadora do homem moderno. Não é casual que Schiller observasse entre a religião e o gosto uma assimetria na qual se refletiam os antagonismos sociais e, ao mesmo tempo, funções culturais e políticas similares. Afinal, se a religião estaria para as massas como "o contrapeso de suas paixões", o gosto seria para as "classes mais finas" uma garantia da "conformidade à lei de sua conduta" (*NA* 26, p. 333; *CEL* p. 151). O ideal da cultura estética, pelo que se depreende da correspondência de Schiller com o Príncipe de Augustenburg, seria não apenas a superação da religião como a tradicional força histórico-cultural de formação do homem, especialmente das massas, como também um incremento do gosto tal que o seu poder formativo não mais se restringisse às classes dominantes nem se limitasse à condição de promotor indireto da moralidade, ao que pesasse todo o sóbrio realismo de Schiller em face da natureza humana.

Schiller não se voltou para o problema da "cultura estética" e da "educação estética do homem" apenas motivado pela possibilidade de retomar a reflexão sobre as condições da "teoria da arte" como "uma ciência filosófica" (*NA* 26, p. 185; *CEL* p. 57) a partir do ponto em que Kant a deixara ao excluir de sua tarefa as questões relativas à formação e à cultura do gosto (Kant, 1983, vol. 8, B IX). Ele estava convencido da *necessidade* de enfrentar essas questões justamente porque via nos sangrentos desdobramentos da Revolução Francesa uma ameaça ao ideal histórico da revolução burguesa: a instituição da liberdade. Essa preocupação, explicitamente declarada em sua correspondência com o Príncipe de Augustenburg, seria consumada em *Sobre a educação estética do homem*, cuja tese central é lançada ao final da segunda carta: "deixando que a beleza preceda a liberdade (...) mostrarei que para resolver na experiência o problema político é necessário caminhar através do estético, pois é pela beleza que se vai à liberdade" (Schiller, 1990, p. 26). O "problema político" ao qual Schiller se referia era justamente o da realização do ideal histórico da revolução burguesa, recalcado pela avalanche do terror. É precisamente isso o que explica o fato de Schiller não desprezar, ao lado da utilidade moral dos costumes estéticos, a utilidade moral da própria religião. Afinal, dizia ele ao Príncipe, a Revolução teria, em um único golpe, desterrado a religião e abandonado o gosto à "selvageria" – um golpe tanto mais funesto quanto mais o "caráter da nação" carecia justamente dessas duas âncoras sensíveis (*NA* 26, p. 333; *CEL* p. 151-152).

Arbitrariedades como essa adensavam em Schiller a convicção de que as ilusões políticas nascidas naquela hora histórica demandariam tempo e muitos esforços para serem desfeitas.

> Fosse verdadeiro o fato – tivesse ocorrido realmente o caso extraordinário de que a legislação política fora confiada à razão, de que o homem fora respeitado e tratado como um fim em si mesmo, de que a lei fora elevada ao trono e a verdadeira liberdade tornada em fundamento do edifício do Estado, então queria despedir-me eternamente das musas e dedicar toda minha atividade à mais magnífica de todas as obras de arte, à monarquia da razão. Mas este fato é justamente o que ouso pôr em dúvida. Sim, estou tão longe de crer no início de uma regeneração no âmbito político, que os acontecimentos da época antes me tiram por séculos todas as esperanças disso. (*NA* 26, p. 262; *CEL* p. 73)

E, após uma dura crítica à *Aufklärung* – a cujo princípio, no entanto, não renunciava –, aos destinos da Revolução Francesa, à miséria em que viviam as classes populares e à lassidão das "classes civilizadas", Schiller expressava seu ceticismo diante das promessas de liberdade vazadas em uma constituição de Estado carente das bases de uma *Sittlichkeit*, cuja desejada existência jamais poderia prescindir do poder formador do gosto.

> Se me é permitido, Magnânimo Príncipe, dizer minha opinião sobre as expectativas e necessidades políticas do presente, confesso que considero extemporânea toda tentativa de uma constituição de Estado a partir de princípios (pois qualquer outra é mera obra de emergência e remendo), e como quimérica toda esperança nela fundada, até que o caráter da humanidade tenha sido novamente elevado de sua profunda decadência – um trabalho para mais de um século. (*NA* 26, p. 264; *CEL* p. 77)

A tarefa da "cultura estética", pouco depois formulada nos termos de uma "educação estética" do homem, seria justamente a de criar as condições *subjetivas* para a instituição da liberdade. Se essa exigência permanecia viva, era porque a hora de sua realização não encontrara uma humanidade à sua altura, como se lê no xênio "O momento": "O século deu à luz uma grande época, / Mas o grande momento encontra uma pequena estirpe" (*NA* 1, p. 313).

IV

Em *Sobre a educação estética do homem*, Schiller já não mais apelaria à utilidade moral do sentimento religioso, confiando inteiramente ao gosto a tarefa formativa da personalidade individual e do caráter do povo. No entanto, numa carta a Goethe de 17 de agosto de 1795, Schiller reconheceria na *ideia* do cristianismo – e não em suas "diversas manifestações na vida", tão "insípidas e adversas" à luz de sua destinação ideal – uma exigência mais nobre que aquela presente na ética kantiana.

> Se nos ativermos ao traço de caráter próprio do cristianismo, que o distingue de todas as religiões monoteístas, veremos que ele não se encontra em nada mais senão na *superação da lei* ou do imperativo kantiano, em cujo lugar o cristianismo quer ter colocado uma livre inclinação. Ele é, pois, em sua forma pura, a apresentação da *bela* eticidade e da encarnação do sagrado e, nesse sentido, a única religião *estética* (...). (*NA* 28, p. 27-28)

Esse juízo, que se qualifica ao mesmo tempo como uma crítica contundente ao cristianismo histórico e como um importante reparo à ética kantiana, remete a uma distinção já estabelecida em *Kallias* – e justamente no contexto nada casual de uma reformulação profana da parábola do bom samaritano: a distinção entre uma ação moralmente boa e uma ação moralmente *bela*. A primeira, na qual a ética kantiana se consuma, corresponde à rigorosa determinação racional da vontade. Na segunda, a oposição entre a determinação racional e a inclinação sensível é suprimida no sentido mesmo em que Schiller vira a beleza como a liberdade no fenômeno; portanto, na ação moralmente bela, o elemento natural aparece como se fosse livre, na medida mesma em que a liberdade se apresenta como se fosse natureza. Em termos estritamente kantianos, o que é *livre* não pode ser uma inclinação, que é sempre sensível, assim como uma *inclinação* não pode ser livre, pois o que é livre é sempre racional. No entanto, na superação cristã do imperativo categórico vê-se justamente o ponto em que o moral e o estético, o natural e o livre se fundem – e por isso não uma simples inclinação, mas uma *livre* inclinação é postulada sem contradição.

Formulada na correspondência com Körner em torno do projeto de *Kallias*, essa concepção da *beleza moral* também figura em "Sobre graça de dignidade". Sua convergência com o imperativo ético cristão "em sua forma pura" salta aos olhos, especialmente em face do significado moral do *amor* no cristianismo, do que Schiller dissera sobre a *nobreza* dessa disposição humana:

> A liberdade no fenômeno desperta não apenas o prazer pelo objeto, como também *inclinação* pelo mesmo; esta inclinação da razão de se unir com o sensível chama-se *amor*. Contemplamos o belo propriamente não com *respeito*, mas com *amor*; excluída a beleza *humana*, que, no entanto, encerra em si a expressão da *eticidade* como objeto do respeito. – Se devemos ao mesmo tempo amar o que é digno de respeito, então este tem de ser alcançado por nós ou ser alcançável para nós. O amor é uma fruição, mas não o respeito; trata-se aqui de tensão; lá, de relaxamento. – O prazer da beleza surge, pois, da analogia notada com a razão, e está unido ao amor. (*NA* 21, p. 87; *P*, p. 81-82)

Tão ingênuo quanto supor que a ênfase nessa convergência entre a beleza moral e a ética do amor nos deva convencer de que os argumentos de Schiller a propósito da utilidade moral dos costumes estéticos resultem em uma apologia do imperativo ético cristão contra a moral kantiana seria crer que sua reivindicação dos direitos da sensibilidade se resuma a um discreto elogio de uma espécie de "moral de resultados", conformada a satisfazer-se com a mera legalidade das ações em face das exigências quase sobre-humanas de uma pura moral dos princípios, para não falar da *santa nobreza* dos poucos capazes de ações moralmente belas, como o bom samaritano ou Francisco de Assis. No entanto, não há dúvida de que Schiller – "inteiramente *kantiano*" muito mais segundo o espírito que a letra do idealismo transcendental, e, nesse sentido, em nome da exigência de que quanto maior o rigor *teórico* na fundamentação da moral, mais prudentes devemos ser em sua *aplicação* – parece ter tomado à risca um conhecido dito do próprio Kant: "de uma madeira tão retorcida, da qual o homem está feito, nada reto pode ser construído" (Kant, 1983, vol. 9, A 397).

V

Schiller pensou o problema da unidade da razão simultaneamente sob dois aspectos: o da *autonomia* das formas fundamentais da racionalidade e o da *permeabilidade* dessas formas. Nos ensaios publicados em *Die Horen* depois do aparecimento das cartas *Sobre a educação estética do homem*, Schiller concentrou-se tanto nos nexos entre a esfera estética e a razão prática – como em "Sobre o perigo dos costumes estéticos" e "Sobre a utilidade moral dos costumes estéticos" – quanto nos nexos entre aquela esfera e a razão teórica, como em "Dos limites necessários do belo particularmente na apresentação de verdades filosóficas", fruto de sua polêmica com Fichte no verão de 1795, posteriormente fundido com o ensaio sobre o perigo dos costumes estéticos e publicado no segundo volume dos *Escritos menores em prosa* (1800) sob o título "Sobre os limites necessários no uso das formas belas". No centro de todos esses escritos encontra-se o mesmo tipo de indagação: se e até que ponto pode o estético promover – ou prejudicar – seja a verdade, seja a moralidade. Em ambos os casos, o que está em jogo é um problema *normativo*, pois trata-se de estabelecer os *limites* do gosto e as condições sob as quais suas exigências, na medida em que resultam de um princípio que o funda como uma esfera autônoma, são permeáveis às exigências da verdade teórica e da correção prática, ambas radicadas em esferas igualmente autônomas.

À primeira vista, o problema da unidade da razão se afigura nesses ensaios como se a *coordenação* dos usos teórico, prático e estético da razão fosse a condição suficiente para a sua solução – em outras palavras, como se Schiller o tivesse tratado à maneira de Kant, mantendo-se assim distante de uma exigência que a *Elementarphilosophie* de Reinhold e, a seguir, a *Wissenschaftslehre* de Fichte, secundada pelo Schelling de *Sobre a possibilidade de uma forma da filosofia em geral* (1795), tornariam no imperativo da constituição da filosofia como ciência: a *subordinação* dos usos coordenados da razão a um princípio incondicionado. Essa impressão se dissolve por uma leitura atenta das cartas *Sobre a educação estética do homem* – o que me limito aqui a apenas deixar indicado.[4] Mais que "o primeiro escrito programático para a uma crítica estética da modernidade" (Habermas, 1986, p. 59), elas são a primeira tentativa de uma fundamentação *estética* do idealismo transcendental, na qual a problemática que deu origem ao chamado idealismo alemão – a do fundamento absoluto da razão, vista desde Reinhold como o principal déficit teórico da crítica kantiana – conheceu uma formulação ainda infensa ao *pathos* da identidade, dominante em Hölderlin e em Schelling. As reflexões de Schiller sobre os limites do belo, seja a propósito do perigo e da utilidade moral dos costumes estéticos, seja sobre a legitimidade do recurso a procedimentos estéticos na prosa filosófica,[5] embora não se refiram explicitamente ao que ele, desde a primavera de 1794, em alusões ao manuscrito de *Sobre a educação estética do homem*, passara a chamar de seu "sistema", a sua *Elementarphilosophie*, encontram aqui o diapasão pelo qual se afinam numa tonalidade que não mais seria ouvida.

---

4. Ver, neste volume, o texto "O 'idealismo estético' e o *factum* da beleza. Schiller como filósofo".
5. Ver, neste volume, o texto "Verdade e beleza. Schiller e o problema da escrita filosófica".

O "IDEALISMO ESTÉTICO" E O *FACTUM* DA BELEZA
Schiller como filósofo

> "Na poesia terminam todos os caminhos do espírito humano, e tanto pior para este se não tem a coragem de segui-los até esta meta. A mais alta filosofia termina numa ideia poética, assim como a mais alta moralidade, a mais alta política. O espírito poético é o que indica o ideal a todas as três, sendo a sua mais alta perfeição aproximar-se deste"
>
> F. Schiller (*NA* 28, p. 99)[1]

Schiller morreu em 1805, aos 46 anos. Ele passou à história consagrado como um poeta nacional – e mesmo como o mais importante poeta nacional alemão, na opinião de muitos –, mas não propriamente como um filósofo. Foi Wilhelm Windelband quem "naturalizou" Schiller como filósofo (Lichtenstein, 1930, p. 102). Em *A História da filosofia moderna* e no *Tratado de história da filosofia*, obras que ainda merecem ser lidas, ele fez com que Schiller figurasse como o principal representante de uma espécie de idealismo: o "idealismo estético".[2] No entanto, a figura de Schiller como filósofo, no sentido mais enfático da expressão, se deixa ver como que por inteiro quando não mais tomamos o termo "idealismo estético" apenas como uma chave de classificação histórica (ao lado de outras espécies de idealismo[3]) e sim de acordo com a mais

---

1. Carta a Charlotte von Schimelmann, Jena, 11 de novembro de 1795.
2. Ver Windelband (1878-1880, v. 2, p. 246; 1908, p. 492). Kuno Fischer (1982) também desempenhou um papel importante nesse sentido.
3. Em *A História da filosofia moderna*, ao tratar da filosofia pós-kantiana, Windelband distingue entre seis espécies de idealismo: o idealismo ético (Fichte), o idealismo físico (Schelling e a filosofia da natureza), o idealismo estético (Schiller e os românticos), o idealismo absoluto (Schelling e o sistema da identidade), o idealismo religioso (Fichte e Schleiermacher) e o idealismo lógico (Hegel).

forte convicção que o autor das cartas *Sobre a educação estética do homem* formara em seus confrontos com Kant e Fichte: que o idealismo transcendental, compreendido segundo o seu "espírito", é um idealismo *estético*, pois o seu fundamento só se põe a descoberto quando se leva às últimas consequências a investigação sobre a especificidade do estético.

Antes que se pense que essa concepção do idealismo resulte de uma espécie de estetização da filosofia, é preciso que se entenda melhor o que está em jogo. Para isso, convém retornar ao contexto em que Schiller se ocupou da filosofia. Schiller escreveu praticamente todos os seus trabalhos filosóficos entre 1791 e 1795. Esse período corresponde aos cinco anos em que desfrutou do apoio financeiro de um príncipe dinamarquês, Friedrich Christian von Schleswig-Holstein-Sonderburg-Augustenburg. Em virtude desse apoio, que literalmente salvou-lhe a vida, Schiller pôde finalmente dedicar-se ao estudo e à reflexão. Seu desejo de se haver com o pensamento de Kant e mesmo com o de Reinhold, seu colega na Universidade de Jena, foi estimulado definitivamente pelo aparecimento da *Crítica da faculdade do juízo* (1791). Apesar da instabilidade do seu estado de saúde e dos compromissos profissionais que decidira manter, como a edição da revista *Neue Thalia*, Schiller estudou a obra de Kant com muito afinco, como documenta sua correspondência. Esse estudo, aliado à leitura de uma série de outros autores contemporâneos, como Burke e Moritz, Mendelssohn, Sulzer e Lessing, rendeu-lhe um grande volume de material escrito, preparado sobretudo em vista de um ciclo de preleções sobre estética, anunciado para o semestre de inverno de 1791-1792, mas realizado apenas no inverno seguinte (Cf. Schiller, 2004). Foi justamente à época dessas preleções que Schiller se apercebeu de que dera um salto nessa matéria, um salto tornado possível por Kant, mas que também o lançava de encontro a ele. Nesse mesmo inverno de 1792-1793, Schiller comunicaria a seu amigo Christian Gottfried Körner o projeto de um diálogo filosófico, *Kallias ou sobre a beleza*, no qual tomaria a defesa – contra Kant, mas com os meios da filosofia kantiana – de um conceito objetivo do belo capaz de validar um princípio objetivo para o gosto (Cf. Schiller, 2002). As longas cartas enviadas a Körner em janeiro e fevereiro de 1793 e a *Nachschrift* de Michaelis das preleções de estética dão conta desse propósito. Esse projeto foi interrompido em proveito da correspondência filosófica com o Príncipe de Augustenburg, iniciada pouco antes, a 9 de fevereiro de 1793 (Cf. Schiller, 2009), bem como de um escrito publicado em junho daquele ano em *Neue Thalia*, "Sobre graça e dignidade", no qual se volta contra o ascetismo monástico da ética kantiana. As cartas de Schiller ao Príncipe de Augustenburg davam continuidade a suas investigações sobre o belo destinadas a *Kallias*, mas sob uma outra perspectiva. Convencido de que conseguira estabelecer um fundamento objetivo para o belo, Schiller agora se detinha numa questão cuja importância fora reconhecida por Kant na *Crítica da faculdade do juízo*, mas que permanecera – e não sem boas razões – fora do âmbito dessa obra: a dos efeitos do belo para a formação do homem e da sociedade.

Como se sabe, com o incêndio do castelo do Príncipe de Augustenburg, em fevereiro de 1794, todas as cartas que Schiller lhe escrevera foram destruídas. Ele comprometeu-se a enviá-las novamente, pois guardara cópias dos originais. Os meses se passaram. No início de janeiro de 1795, o Príncipe de Augustenburg seria surpreendido pela remessa do primeiro fascículo da revista mensal *Die Horen*. Ao lado de contribuições de Goethe e Fichte, ele trazia um escrito de Schiller intitulado "Sobre a educação estética do homem numa série de cartas". Como também fora prometido, Schiller começava a publicar sua correspondência com o Príncipe. Às nove cartas estampadas em janeiro, seguiram-se ainda duas séries: em fevereiro e em junho. Totalizando 27 cartas, o conjunto se destacava da versão original não só pela extensão consideravelmente maior, mas pela novidade que trazia consigo: a *filosofia* de Schiller.

1794 fora um ano fundamental para Schiller – e não só pelo início da amizade, da correspondência e da aliança político-literária com Goethe ou pelo acerto com o editor Johann Friedrich Cotta do projeto de *Die Horen*. Seus estudos da filosofia de Kant se beneficiaram enormemente com o convívio com Wilhelm von Humboldt, que se mudara para Jena, e com Fichte, também recém chegado em Jena como sucessor de Reinhold e autor de uma nova filosofia: a "doutrina da ciência" (*Wissenschaftslehre*). Schiller acompanhou com enorme interesse a atividade de Fichte, de quem já havia lido o *Ensaio de uma crítica de toda revelação* (1792) e as *Contribuições para a retificação do juízo do público sobre a Revolução Francesa* (1793). Reconhecendo em Fichte um talento filosófico capaz de elevar a um grau superior o pensamento de Kant, Schiller leu e divulgou entre amigos o opúsculo programático *Sobre o conceito da doutrina da ciência ou da assim chamada filosofia*, visitou o curso público de Fichte no semestre de verão de 1794, sobre "moral para eruditos", cujas cinco primeiras aulas logo seriam publicadas sob o título de *Algumas preleções sobre a destinação do erudito*, assim como assimilou, caderno por caderno, o curso privado sobre a *Wissenschaftslehre*, que resultou na *Fundação de toda a doutrina da ciência* (1795). O efeito dessas leituras sobre a preparação da versão final da correspondência com o Príncipe de Augustenburg seria decisivo.

Embora a filosofia de Kant esteja na origem do pensamento de Fichte e de Schiller, eles a assimilaram de tal maneira que, *à primeira vista*, tudo se passa como se tivessem feito movimentos opostos a partir de um mesmo marco. Por um lado, o jovem Fichte logo se convenceu do que, de resto, já intuíra em sua leitura da *Crítica da faculdade do juízo* (Leon, 1922, p. 329-330) – ou seja, de que era necessário ir além de Kant e dos seus críticos mais eminentes, tais como Jacobi, Beck e, sobretudo, Schulze e Maimon, os novos céticos, e, a exemplo de Reinhold, embora contra a sua *Elementarphilosophie*, consumar o idealismo transcendental mediante a solução definitiva do problema do *fundamento último* de todo o saber, tarefa a que consagrou seus melhores esforços e que consiste no programa da *Wissenschaftslehre*. Em suma, o projeto da crítica da razão – realizar a filosofia como uma ciência rigorosa – permanecia inacabado e só seria concluído mediante a solução daquele problema. Por outro lado, Schiller teria se voltado para um trabalho mais específico, menos ambicioso que o de Fichte, mas ainda assim original e difícil: o de estender a crítica do gosto para além dos limites nos quais Kant a encerrara. Assim, enquanto Fichte escavava o solo em que mal se sustentava o edifício kantiano, Schiller se alçava à sua chave de abóboda, a *Crítica da faculdade do juízo*. Concentrado na esfera estética, ele parecia indiferente a toda problemática do fundamento último da razão e do saber. Foi o impacto da filosofia de Fichte que o despertou do seu kantismo – de resto, pouco ortodoxo. À primeira vista, portanto, Schiller parecia guardar uma certa distância da tarefa a que seu amigo Fichte se dedicara, o que o deixava mais próximo de Kant sob um aspecto bem determinado, mas decisivo: a convicção de que a unidade da razão implicava apenas a *coordenação* dos seus usos teórico, prático e estético, e não a *subordinação* desses a um princípio fundamental.[4]

Embora não ignorasse os esforços de Reinhold destinados a estabelecer a unidade da razão à base de um princípio incondicionado, pode-se dizer que Schiller de fato orientou-se *à la* Kant ao menos até o verão de 1794, quando começou a reelaborar, a partir das cópias que guardara, sua correspondência com o Príncipe de Augustenburg. Não há dúvida de que o contato direto com Fichte e a leitura de seus escritos mais recentes foram determinantes para uma mudança de orientação por parte de Schiller. Essa mudança de orientação não se deu ao preço dos objetivos com os quais ele se lançara na filosofia e, particularmente, no estudo de Kant. Ao contrário, Schiller continuava a se ver como o "cavaleiro" da estética, empenhado em fazer dela "uma ciência filosófica" (*NA* 26, p. 185). Aquela mudança de orientação significa que ele percebera que o êxito do seu próprio trabalho era agora indissociável de uma tomada de posição diante do que estava no centro do diagnóstico

---

4. Esta caracterização do problema da unidade da razão em Kant remonta a uma carta de Fichte a Reinhold de 28 de abril de 1795: "*Kant* não quer de modo algum subordinar aquelas três faculdades no homem [a faculdade teórica, a faculdade de desejar e o sentimento de prazer e desprazer – R.B.] a um princípio superior, e sim as deixa permanecer meramente coordenadas. Estou totalmente de acordo com o senhor em que elas devem estar subordinadas a um princípio superior, mas em desacordo quanto a que esse princípio possa ser o da faculdade teórica, no que estou de acordo com Kant (...). Eu as subordino ao princípio da subjetividade em geral. O senhor veta inteiramente este caminho através de sua filosofia elementar na medida em que já possui um princípio superior que, no entanto, considero como subordinado. Segundo a minha íntima convicção (...) o senhor deu continuidade à *Crítica da razão pura (teórica)*, a qual, ao que me parece, para grande dano da filosofia, o senhor tivera *unicamente* diante de si ao esboçar o seu sistema; e difundiu entre os homens a convicção, extensiva à filosofia como um todo, de que toda investigação teria de partir de uma proposição fundamental. (...) Não tive de fazer nada mais senão unir a descoberta de Kant, que aponta manifestamente para a subjetividade, e a sua; tenho, portanto, o menor de todos os méritos" (GA *III/*2 p. 314-315).

de Reinhold e Fichte das aporias da filosofia kantiana e no ponto de partida da *Elementarphilosophie* e da *Wissenschaftslehre*: o problema do fundamento último do saber e da razão.

Quando lemos a correspondência de Schiller do segundo semestre de 1794 e do início de 1795, é impressionante o sentimento de autoconfiança intelectual presente em todas as suas manifestações sobre o trabalho nas cartas sobre a educação estética. À época das preleções sobre estética, do projeto de *Kallias*, dos artigos sobre o sublime publicados em *Neue Thalia*, das primeiras cartas ao Príncipe de Augustenburg e de "Sobre graça e dignidade", Schiller era certamente um autor com claras convicções filosóficas, certamente impensáveis sem a filosofia kantiana, mas não por isso menos originais. Agora ele não mais se expressa apenas como um autor dotado de convicções filosóficas claras e originais, e sim como o autor de uma filosofia. O trabalho na versão definitiva da correspondência com Príncipe de Augustenburg foi o casulo dessa transformação. E assim como suas primeiras convicções filosóficas nasceram do confronto com Kant, a filosofia agora gestada foi em boa medida fecundada pela recepção da doutrina da ciência.

Já em setembro de 1794, como se lê numa carta a Charlotte, o manuscrito começava a adquirir "um aspecto inteiramente diferente", e Schiller se dizia satisfeito com isso (*NA* 27, p. 44). Suas declarações nos meses seguintes são inequívocas, expressando o mesmo sentimento. Schiller se referia à nova obra como "o melhor que fiz em minha vida" (*NA* 27, p. 92). Ele já não mais se sentia como um simples "diletante" no mundo da teoria (*NA* 26, p. 141). Com segurança e naturalidade, Schiller se referia agora ao seu *System*, à sua *Elementarphilosophie* (*NA* 27).[5] Seria ingênuo imaginar que ele se permitisse um uso pouco rigoroso de termos com tantas conotações radicais. Reinhold definia a *Elementarphilosophie* – ou seja, a filosofia primeira, *prima philosophia* – como "o único *sistema dos princípios* possível, sobre o qual tem de ser erguida a filosofia tanto teórica quanto prática, tanto formal quanto material" (Reinhold, 2003, p. 344; Reinhold, 2009) ou como "uma *ciência* dos *princípios* comuns a

---

5. Carta a Erhard, 26 de outubro de 1794 (p. 72-73); cartas a Körner de 29 de dezembro de 1794 (p. 113), 5 de janeiro de 1795 (p. 155) e 4 de maio de 1795; carta a Jacobi, 29 de junho de 1795 (p. 206).

todas as ciências filosóficas particulares" (Reinhold, 1978, p. XIV). Ao assumir a autoria de uma *Elementarphilosophie*, Schiller se colocava ao lado – como que ombro a ombro – de Reinhold e Fichte, tendo em mãos as cartas sobre a educação estética. Elas contêm sua tomada de posição diante do problema do fundamento último do saber e da razão (portanto do problema originário de todo o "idealismo alemão"), o qual não é resolvido nem pelo recurso a uma "faculdade de representação" (Reinhold), nem ao "Eu puro" (Fichte). A originalidade da obra de Schiller está em que o problema é posto e resolvido no âmbito de uma dedução de um "conceito racional puro da beleza" a partir da natureza humana universal. O que retrospectivamente se mostra como uma reformulação do problema que o levara a se ocupar, como nunca antes disso, da estética como uma ciência filosófica e a conceber o plano de *Kallias*, resulta agora num movimento em direção ao coração de *toda* a filosofia. O sucesso daquela solução está imediatamente condicionado pelo dessa dedução. Como ela está enraizada numa determinada concepção do homem, esta é também o solo de onde aquela solução se ergue. É na resposta à pergunta pelo homem e sua destinação que todos os problemas essenciais – seja o da *Elementarphilosophie* propriamente dita, seja o das investigações acerca da natureza do belo e dos seus efeitos sobre o indivíduo e a sociedade – encontram, por assim dizer, o seu lugar transcendental.

A primeira série das cartas *Sobre a educação estética do homem* (1 a 9), publicada em janeiro de 1795 no número inaugural de *Die Horen*, contém a justificativa da necessidade de uma reflexão sobre o estético como a condição do esclarecimento e da emancipação do homem. A prerrogativa do estético é fundamentada pelo recurso a uma analítica antropológica (I). A *Elementarphilosophie* que começa a ser desenvolvida de acordo com essa analítica na série seguinte (cartas 10 a 16), publicada em fevereiro, já confere à obra o aspecto de uma resposta a Fichte, a Reinhold e, naturalmente, a Kant; mas o autor da *Wissenschaftslehre* é o seu interlocutor principal. Schiller formula o "conceito racional puro da humanidade", estabelecendo antes de tudo a proposição fundamental de sua "filosofia elementar" *qua* antropologia transcendental (II). A caracterização da natureza humana como uma natureza *pulsional* resulta na pergunta pela *unidade* dessa natureza aparentemente cindida entre dois impulsos (o sensível e o formal) e numa reflexão sobre o "espírito" e a "letra" do idealismo transcendental (III). De acordo com esse "espírito", o problema da unidade da natureza humana é formulado de tal maneira que a introdução de um terceiro impulso, o impulso *lúdico*, torna possível a exigida *dedução* do conceito racional puro da beleza (IV). Uma vez deduzido, esse conceito é desenvolvido a partir de uma dialética das modalidades da beleza. Esse desenvolvimento é o núcleo da terceira e última série de cartas (17 a 27). Publicada na edição de junho de *Die Horen* sob o título "A beleza suavizante", nela Schiller formula sua doutrina da "liberdade estética" e do "estado estético". De um ponto de vista sistemático, essa doutrina se apresenta como o resultado final da analítica antropológica conforme a qual Schiller concebeu e entregou ao público sua *Elementarphilosophie*, consumando o idealismo transcendental como um idealismo estético (V).

I. A prerrogativa do estético e a analítica antropológica: a posição do problema das cartas *Sobre a educação estética do homem*

A tese central de *Sobre a educação estética do homem* é anunciada ao final da segunda carta: "deixando que a beleza preceda a liberdade (...) mostrarei que para resolver na experiência o problema político é necessário caminhar através do estético, pois é pela beleza que se vai à liberdade."[6] Revoltado com o terror jacobino, descrente da possibilidade de a Revolução Francesa resultar no que prometera ao mundo, Schiller se convence de que todo o êxito do projeto histórico da revolução burguesa – a instituição da liberdade mediante a construção de um Estado racional – depende fundamentalmente de condições *culturais* ainda inexistentes. O advento de uma nova sociedade exigiria, não o simples assalto ao poder, mas uma nova cultura, nascida de um longo

---

6. Schiller, F. *A educação estética do homem. Numa série de cartas*. Tradução de Roberto Schwarz e Márcio Suzuki. São Paulo: Iluminuras, 1990, p. 26. Para as citações seguintes, *EE*.

e paciente trabalho formativo. Em suas primeiras cartas ao Príncipe de Augustenburg, Schiller ainda não falava de uma "educação estética do homem", e sim de uma "cultura estética", mas sua convicção de fundo permaneceria inalterada: somente sob a mais ampla irradiação do estético seriam engendradas as condições subjetivas necessárias à instituição da liberdade (Barbosa, 2004). Empenhado em resgatar o projeto da *Aufklärung* e os ideais da Revolução Francesa, Schiller vinculava a *Mündigkeit* e a instituição político-jurídica da liberdade aos efeitos formativos do belo sobre o homem e a sociedade. O gosto e as artes estavam assim destinados a serem as bases culturais sobre as quais a nova sociedade seria erguida. Em sua confiança quase ilimitada na força formadora da dimensão estética, Schiller a tomava como o princípio de uma nova *paidéia*, reservando-lhe um papel no projeto político e cultural da modernidade comparável apenas ao que a mitologia e a religião desempenharam nas sociedades do passado. Assim, não foram só as obras de Kant nem razões estritamente conceituais ou mesmo problemas do *métier* de escritor que o levaram a aproximar-se da filosofia pelo viés da estética: a consciência do significado do momento histórico presente e da solução dos problemas políticos de que dependia um futuro desejável para a humanidade foram igualmente determinantes. Schiller projeta a ideia filosófica da revolução burguesa no futuro da história da humanidade na medida mesma em que se volta para um diagnóstico histórico-filosófico do presente como a época da fragmentação humana consumada, em oposição a um passado exemplar: o mundo grego como uma totalidade natural harmonicamente diferenciada. A esse diagnóstico das patologias da modernidade corresponde uma terapia. A superação das cisões da humanidade moderna, sem o que a solução do problema político é impensável, requer um esforço pedagógico a longo prazo: o de "restabelecer em nossa natureza, através de uma arte mais elevada, essa totalidade que foi destruída pelo artifício", diz Schiller, "uma tarefa para mais de *um* século" (*EE*, p. 48).

A transição de um Estado natural a um Estado ético, de um reino das simples forças a um reino das leis é a tarefa histórica que se põe à humanidade. Toda a ênfase da argumentação recai sobre a necessidade de formar as condições *subjetivas* – uma cultura da liberdade – para a emergência dessa nova ordem. Para Schiller, isso implicava em formar o homem a partir da unidade de sua "natureza mista" (*gemischte Natur*) (*EE*, p. 103)[7] sensível e racional. A educação estética será vista como o *medium* por excelência dessa formação. Somente um caráter estético seria capaz de restituir de modo harmônico a unidade da natureza mista do homem, pois solicita igualmente os seus impulsos fundamentais, ao mesmo tempo em que o liberta da coerção desses impulsos. "Uma coisa é certa: somente o predomínio de um tal caráter num povo poderá tornar inofensiva uma transformação do Estado segundo princípios morais, e somente um tal caráter poderá assegurar-lhe a duração" (*EE*, p. 31).

A prerrogativa do estético não se deve apenas ao problema político. Aliás, ela só se sustenta porque não se restringe a este, estendendo-se antes à filosofia como um todo. A crítica da razão fora radicalizada por Reinhold em sua "filosofia elementar" e por Fichte na ideia de uma "doutrina da ciência" – ambas como tentativas de solução de um mesmo problema. Com Schiller, ela agora se desdobra no plano de uma antropologia transcendental; o exame da razão por ela mesma ganha assim toda a densidade de um exame do homem como o seu sujeito. Essa guinada antropológica era sem dúvida incontornável para ele; afinal, a justificativa da necessidade de uma educação estética *do homem* implicava o exame prévio da natureza do seu destinatário *como* o seu próprio protagonista.

Que Schiller e Fichte intuíram o que de resto talvez não souberam que Kant afirmara categoricamente – que na pergunta "o que é o homem?" se concentram todas as mais altas perguntas que a razão pode e deve dirigir a si mesma (Kant, 1992, A 25)[8] –, é algo pleno de consequências para ambos, mas especialmente para a atitude de Schiller diante de Fichte, pois entre os maiores empréstimos por ele tomados à obra do amigo está justamente uma tese antropológica, de acordo com o qual todos os problemas se organizam. "Todo homem individual, pode-se dizer, traz em si, quanto à disposição e destinação, um homem ideal e puro, e a grande tarefa de sua existência é concordar, em todas as suas

---

7. Sobre a "natureza mista" do homem, ver Wilkinson (1960, p. 50).
8. Ver também: Kant (2005, p. 38) e carta a C. F. Stäudlin, 4 de maio de 1793 em Kant (1922, vol. 11, p. 429).

modificações, com sua unidade inalterável" (*EE*, p. 32). É precisamente nesse ponto que é feita a primeira das duas referências nominais a Fichte ao longo de toda a obra: "Remeto aqui a uma publicação recente: *Preleções sobre a destinação do erudito,* de meu amigo Fichte, onde se encontra uma dedução bastante clara e por via jamais tentada dessa proposição" (*EE*, p. 32). Schiller alude especialmente à primeira preleção de Fichte, intitulada "Sobre a destinação do homem em si", cuja tese central é a seguinte: "A destinação última de todos os seres racionais finitos é, portanto, a absoluta unidade, a contínua identidade, a inteira concordância consigo mesmos" (*GA* I/3, p. 30). Fichte adverte que essa proposição não deve ser tomada apenas no sentido da doutrina dos costumes, mas em *todos* os sentidos, pois ela não diz respeito apenas ao acordo da vontade consigo mesma, mas a todas as forças humanas em sua aplicação a todos os objetos, de tal modo que nada deve escapar à meta do pleno acordo do homem consigo mesmo.

Schiller reteve a tese de Fichte, extraindo o seu significado imediato para o conceito de Estado.

> Este homem puro, que se dá a conhecer com maior ou menor nitidez em cada sujeito, é representado pelo *Estado,* a forma mais objetiva e por assim dizer canônica na qual a multiplicidade dos sujeitos tenta unificar-se. É possível pensar, porém, dois modos diversos de o homem temporal coincidir com o homem ideal, e outras tantas de o Estado afirmar-se nos indivíduos: ou pela opressão do homem empírico pelo puro, quando o Estado suprime os indivíduos; ou pelo fato de o indivíduo *tornar-se* Estado, quando o homem no tempo se *enobrece* em direção ao homem na Ideia. É certo que na avaliação moral unilateral esta diferença desaparece; pois a razão se satisfaz apenas se sua lei valha incondicionalmente; na avaliação antropológica plena, porém, quando o conteúdo conta ao lado da forma e também o sentimento vivo tem a sua voz, ela será considerada tanto mais. (*EE*, p. 32)

Na diferença entre a "avaliação moral unilateral" e a "avaliação antropológica plena" já se delineiam as divergências entre Schiller e Fichte. Para Schiller, o homem ideal é o homem *nobre*: aquele cujo perfil corresponde ao que é exigido por essa "avaliação antropológica plena", a única capaz da síntese mais alta e mais diferenciada das dimensões que compõem a natureza humana. Com Fichte, Schiller insiste na centralidade do ponto de vista antropológico, da pergunta pelo homem e sua destinação; contra Fichte, o acordo do homem consigo mesmo é pensado como a "ação recíproca" das partes que integram sua natureza mista, e não como a sujeição unilateral do sensível pelo racional.

Mas não seria a aposta no poder regenerador do estético, na beleza como via à liberdade, uma ilusão desmascarada pelo conhecimento histórico? "O nosso olhar, onde quer que perscrute o mundo passado, verá sempre que gosto e liberdade se evitam e que a beleza funda seu domínio somente no crepúsculo das virtudes heroicas" (*EE*, p. 60). Assim teria sido em Atenas, Esparta e no mundo árabe; assim também na Europa moderna, seja na Florença dos Médicis, seja na França de Luís XIV: o descompasso entre a cultura estética e a vida moral e política parece desautorizar qualquer pretensão de uma formação integral do homem e de sua emancipação pela beleza. Mas também aqui aprendemos com a experiência mais do que ela é capaz de nos ensinar, pois tais exemplos nos permitem colocá-la em dúvida como um "tribunal" legítimo – "e antes de aceitarmos seu testemunho", diz Schiller, "devemos decidir se é a mesma beleza a de que falamos e aquela contra a qual se dirigem os exemplos. Isso parece supor um conceito de beleza que tem outra fonte que a experiência, porque através dele deve ser conhecido se aquilo que se chama belo na experiência tem direito a esse nome" (*EE*, p. 60).

O que está em jogo, portanto, é uma questão normativa. Como a razão é a única "outra fonte" a que se pode recorrer para resolvê-la, é preciso transitar do ponto de vista histórico-empírico ao transcendental. Disso depende a possibilidade da dedução de um conceito a priori da beleza.

> Caso pudesse ser mostrado, esse *conceito racional puro da beleza* – já que não pode ser extraído de nenhum caso real, mas antes confirma e orienta nosso juízo em cada caso real – teria de poder ser procurado pela via da abstração e deduzido da possibilidade da natureza sensível-racional; numa palavra: a beleza teria de poder ser mostrada como uma condição necessária da humanidade. (*EE*, p. 60)

A "via da abstração" consiste justamente numa *analítica antropológica*: ela visa a determinar o "conceito racional puro da humanidade", isolando na diversidade e mutabilidade dos fenômenos "o absoluto e permanente", "as condições necessárias de sua existência" (*EE*, 60-61). Essa analítica antropológica é a própria "via transcendental" (*EE*, p. 61) trilhada por Schiller. Se ela nos afasta do âmbito da experiência e da história, levando-nos ao "campo ermo dos conceitos abstratos", é porque "nos empenhamos por um fundamento sólido do conhecimento, ao qual nada mais deve abalar, e quem não se atrever para além da realidade nunca irá conquistar a verdade" (*EE*, p. 61). Com a analítica antropológica começa toda a *Elementarphilosophie* da qual Schiller tanto se orgulhava.

II. O conceito racional puro da humanidade: a natureza humana como uma natureza pulsional

Na depuração de todo contingente, a analítica antropológica encontra "dois conceitos últimos" como os "limites" de toda abstração: "Ela distingue no homem aquilo que permanece e aquilo que se modifica sem cessar. Ela chama o permanente de sua *pessoa*, o mutável de seu *estado*" (*EE*, p. 63). O que resta então como aquilo de que não mais se pode abstrair é "o si mesmo (*das Selbst*) e suas determinações" (*EE*, p. 63). O *Selbst* e suas determinações formam o que poderíamos chamar de a estrutura da subjetividade transcendental. Se no "ser necessário" (o "sujeito absoluto", a "divindade"), a pessoa e os estados são idênticos, no homem, ser finito, "são eternamente dois" (*EE*, p. 63). Embora formem uma unidade no ser finito, a pessoa não se funda no estado, nem este nela. Do contrário, a pessoa teria de modificar-se e o estado, permanecer. O homem é, pois, uma natureza dupla: a unidade da não-identidade do si mesmo e suas determinações.

É no limite de toda abstração que repousa a *proposição fundamental* da *Elementarphilosophie* de Schiller: não somos porque pensamos, queremos e sentimos, nem pensamos, queremos e sentimos porque somos. *Somos pura e simplesmente porque somos* (*EE*, p. 64). Se admitirmos que pensamos, queremos e sentimos porque existimos, fazemos da pessoa o fundamento dos estados; se, ao contrário, admitimos que existimos porque pensamos, queremos e sentimos, fazemos dos estados o fundamento da pessoa. No primeiro caso, nossos estados jamais poderiam se transformar, pelo que não mais seriam estados; no segundo, nossa pessoa jamais poderia ser a mesma, pelo que não seria uma pessoa. Se se fundamenta os estados na pessoa ou a pessoa nos estados, tem-se ou bem a permanência absoluta ou bem a mutabilidade absoluta, mas nunca o homem. O homem é pura e simplesmente por si mesmo. Se pensamos, sentimos ou queremos, diz Schiller, é "porque além de nós existe algo diverso" – algo que nos afeta (*EE*, p. 64).

À primeira vista, Schiller reformula – agora na primeira pessoa do plural: "Nós somos porque somos" (*EE*, p. 64) – o argumento central da tese de Fichte sobre a destinação do homem em si. "Tão certo quanto o homem ter razão", diz Fichte,

> é ser ele o seu próprio fim, ou seja, ele não existe porque outra coisa deve existir – e sim existe pura e simplesmente porque *ele* deve existir: o seu mero ser é o fim último do seu ser ou, o que significa o mesmo, não se pode perguntar sem contradição por nenhum fim do seu ser. Ele é *porque é*. Este caráter do ser absoluto, do ser por amor de si mesmo, é o seu caráter ou a sua destinação, na medida em que é considerado única e exclusivamente como ser racional. (*GA* I/3, p. 29)

Entretanto, prossegue Fichte, "ao homem não cabe apenas o ser absoluto, o ser pura e simplesmente; cabem-lhe ainda determinações particulares deste ser; *ele não é* apenas, mas *é também algo qualquer*; ele não diz apenas: Eu sou, mas ainda acrescenta: eu sou isto ou aquilo. Na medida em que existe em geral, ele é um ser racional; na medida em que é algo qualquer, o que então ele é?" (*GA* I/3, p. 29). A autoconsciência empírica do homem pressupõe um Não-eu, ou seja, "tudo que é pensado como se encontrando fora do Eu, (...) tudo que é distinguido do Eu e contraposto a ele" (*GA* I/3, p. 28). Em outras palavras, a autoconsciência empírica do homem pressupõe um mundo de objetos em ação sobre a sua sensibilidade. Nesse sentido, o homem é "isto ou aquilo" na medida em que é um ser sensível. Mas como ele é ao mesmo tempo um ser racional, razão e sensibilidade devem estar lado a lado, sem que uma suprima a outra. Eis por que a proposição segundo a qual *o homem é porque é* sofre a seguinte reformulação: "*o homem deve ser o que é, pura e simplesmente porque é,* ou seja, tudo que ele é deve ser referido ao seu Eu puro, à sua simples egoidade (*Ichheit*); tudo que ele é, deve sê-lo pura e simplesmente porque é um Eu; e o que ele não pode ser, porque é um Eu, não deve sê-lo de modo algum" (*GA* I/3, p. 29).

Fichte resume o resultado de sua reflexão numa única proposição – precisamente aquela à qual Schiller se refere na quarta carta: "A destinação última de todos os seres racionais finitos é, portanto, a absoluta unidade, a contínua identidade, a inteira concordância consigo mesmos" (*GA* I/3, p. 30). Mas enquanto Fichte concentra a destinação do homem numa anexação unilateral do Não-eu pelo Eu, Schiller formula o problema de modo diverso. À base dos "dois conceitos últimos" aos quais se chega pela depuração de todo o contingente, encontram-se, por um lado, a *liberdade*, "a ideia do ser absoluto fundado em si mesmo", pois a pessoa é a causa de si mesma, e, por outro lado, o *tempo*, a condição de toda mudança, de todos os estados (*EE*, p. 64). A pessoa, diz Schiller, "se revela no *eu*", no que subjaz inalterado a toda mudança, a todo o tempo (*EE*, p. 64). Como todo ser finito, o homem devém no tempo, pois não é somente pessoa, "mas pessoa que se encontra num estado determinado" (*EE*, p. 64). Do contrário, a pessoa seria uma mera disposição indeterminada. "Somente pela sequência de suas representações o eu que perdura torna-se fenômeno para si mesmo" (*EE*, p. 64). Isso significa que pensamos, queremos e sentimos porque somos afetados por uma matéria que percebemos como existente fora de nós, no espaço, ou em nós, no tempo. Submeter a diversidade da matéria à identidade inalterável do eu é uma exigência da natureza racional do homem. "Na medida somente em que se modifica, ele *existe*; na medida somente em que permanece imutável, *ele* existe. O homem, pois, representado em sua perfeição, seria a unidade duradoura que permanece eternamente a mesma nas marés da modificação" (*EE*, p. 64-65). Essa tendência de manter-se idêntico no diverso é justamente o que Schiller chama a tendência "divina" do homem (*EE*, p. 65).

Tomada em si mesma, a personalidade é somente uma disposição, um poder de dar forma carente de matéria; do mesmo modo, a sensibilidade em si mesma é somente "mundo", ou seja, "o mero conteúdo informe do tempo" (*EE*, p. 65). Dessa tensão entre mundo e forma

> nascem as duas tendências opostas no homem, as duas leis fundamentais da natureza sensível-racional. A primeira exige *realidade* absoluta; deve tornar mundo tudo o que é mera forma e trazer ao fenômeno todas as suas disposições. A segunda exige a *formalidade* absoluta: ele deve aniquilar em si mesmo tudo que é apenas mundo e introduzir coerência em todas as suas modificações; em outras palavras: deve exteriorizar todo o seu interior e formar todo o exterior. As duas tarefas, pensadas em sua realização máxima, reconduzem ao conceito de divindade de que parti. (*EE*, p. 65)

Nessa "dupla tarefa" – "dar realidade ao necessário *em nós* e submeter a realidade *fora de nós* à lei da necessidade" – duas "forças opostas" se manifestam e nos solicitam igualmente (*EE*, p. 67). Como Reinhold e Fichte, Schiller as chama de *impulsos* (*Triebe*). "O primeiro destes impulsos, que chamarei de *sensível*, parte da existência física do homem ou de sua natureza sensível, ocupando-se em submetê-lo às limitações do tempo e em torná-lo matéria (...). Este estado do tempo meramente preenchido chama-se sensação, e é somente através dele que se manifesta a existência física" (*EE*, p. 67). Mas assim como o impulso sensível é derivado dos estados do homem, há um segundo impulso, decorrente de sua pessoa: o *impulso formal*. Ele "parte da existência absoluta do homem ou de sua natureza racional, e está empenhado em pô-lo em liberdade, levar harmonia à multiplicidade dos fenômenos e afirmar sua pessoa em detrimento de toda alternância do estado. (...) quer que o real seja necessário e eterno, e que o eterno e necessário sejam reais; em outras palavras: exige verdade e justiça" (*EE*, p. 68-69).

Nessa exigência de verdade e justiça, o impulso formal divide-se em teórico e prático, prescrevendo as leis da natureza e as leis da liberdade. Sua mais alta determinação é a objetividade rigorosa, ou seja, a pretensão de universalidade e necessidade erguida pelos enunciados teóricos e práticos. No *conhecimento teórico*, como Kant mostrara, a validade contingente dos juízos de percepção é superada pelos juízos de experiência. "O sentimento pode apenas dizer: isto é verdade para este sujeito e neste momento, um outro momento e um outro sujeito podem vir a retirar o que a presente sensação afirma. Quando o pensamento, entretanto, afirma: *isto é*, ele decidiu para sempre e eternamente, e a validade de sua afirmação é corroborada pela própria personalidade que resiste a toda alternância" (*EE*, p. 69). No *conhecimento prático*, a contingência das inclinações tem de ceder à força de um mandamento incondicional. "A inclinação pode apenas dizer: isto é bom para o *teu* indivíduo e para a tua *carência* atual, mas teu indivíduo e tua carência atual serão tragados pela modificação, e o que agora desejas com ardor será depois objeto de tua repugnância. Quando, por outro lado, o sentimento moral diz: *isto deve ser*, sua decisão é para sempre e eterna (...)"(*EE*, p. 69). Seja no uso teórico da razão, "quando confessas a verdade", seja no seu uso prático, quando "exerces a justiça porque é justiça, fizeste de um caso singular a lei de todos os casos, trataste como eternidade um momento de tua vida" (*EE*, p. 69). Assim como a multiplicidade dos fenômenos desaparece na univocidade da lei natural, os sujeitos empíricos que agem segundo a lei moral se unificam e desaparecem no sujeito racional. "Já não somos indivíduos, mas espécie; o juízo de todos os espíritos é pronunciado através do nosso, a escolha de todos os corações é representada por nossa ação" (*EE*, p. 69).

Os usos teórico e prático da razão não são assim apenas coordenados, como dissera Fichte sobre Kant. Eles são *derivados* de um mesmo impulso (o formal), cuja natureza é elucidada a partir da proposição fundamental da filosofia elementar de Schiller: somos porque somos. Esse primeiro princípio incondicionado é o da *autoposição absoluta da subjetividade*, mas não como um Eu puro, e sim como o homem pura e simplesmente. Por um lado, o homem é porque é – é o fundamento de si mesmo porque é um ser racional. Por outro lado, o homem é porque é alguma coisa – é um ser determinado porque sensível. O Não-eu – embora Schiller não recorra a esse termo de Fichte – é posto precisamente aqui, com e como a sensibilidade. O impulso sensível, que nasce aqui, não é um impulso à existência antes da existência; não é, portanto, como pensava Fichte, um "absurdo", uma "determinação do não-ente"

(*GA* III/2, p. 338), mas o impulso da própria existência para si mesma, sua pulsação incessante, a "vida", como dirá Schiller. A autoposição da subjetividade é a autoposição do homem como unidade da pessoa e dos estados: uma estrutura constituída por dois poderes irredutíveis um ao outro e igualmente transcendentais. À base de todos os estados encontra-se o estado *em geral*, a temporalidade como a condição formal dos fenômenos, assim como a pessoa em geral está à base de toda permanência. Tão certo quanto a pessoa é livre, é também que os estados são necessários. O homem existe propriamente enquanto é em si e para si, e não fora de si ou privado de si. O acordo do homem consigo mesmo está radicado na estrutura transcendental da subjetividade como uma estrutura mista, mas unitária. O homem é lançado num processo de formação pelo qual ele vem a si como um ser racional *e* finito, livre *e* sensível. A unidade dessas determinações é a unidade da estrutura transcendental da subjetividade. O homem *deve ser* o que ele é porque é *como* é: uma natureza mista, e não simplesmente porque é um Eu; e o que ele não pode ser, porque é uma natureza mista, não deve sê-lo de modo algum. A destinação do homem não está apenas na *dignidade* da pessoa, que se revela no Eu, mas na *nobreza* de sua natureza mista. Pela "avaliação antropológica plena", a autoposição da subjetividade transcendental como uma estrutura mista e unitária acede à condição de princípio incondicionado da *Elementarphilosophie* de Schiller.

III. O problema da unidade da natureza humana

Se a pessoa e os estados são os dois conceitos últimos encontrados pela analítica antropológica, se deles são derivados um impulso à existência e um impulso formal, esses dois impulsos, por sua vez, como se lê no início da décima terceira carta, "esgotam o conceito de humanidade" (*EE*, p. 71). Se é assim, dirá Schiller em aparente contradição com o desdobramento imediato de sua analítica, um "terceiro impulso *fundamental*, que pudesse intermediar os dois, é um conceito impensável" (*EE*, p. 71). Daí o problema: como reconstituir a unidade de uma natureza humana como que desde sempre e para sempre cindida? Não é precisamente essa a exigência que pesa sobre o presente? Não é essa a justificativa prática de todo o esforço filosófico pelo qual a educação estética é apresentada como terapia para as patologias da modernidade? A tese de Schiller é a seguinte: como as duas tendências fundamentais do homem se contradizem, mas não no mesmo objeto, não são opostas por natureza – "e se aparentam sê-lo é porque assim se tornaram por uma livre transgressão da natureza ao se desentenderem e confundirem suas esferas" (*EE*, p. 71). Como desfazer essa confusão? Como reconduzir o homem à unidade de sua natureza?

Há dois pontos importantes aqui, ambos expostos na nota que se segue à frase citada. O primeiro diz respeito à redução daquele antagonismo a algo *originário* (a); o segundo, ao "espírito" do idealismo transcendental (b).

Ad a) Se se admite que aquele antagonismo é algo originário, diz Schiller, então ele deve ser *necessário*, pelo que a unidade da natureza humana é obtida pela *subordinação* do impulso sensível ao formal. "Mas daí só pode surgir uniformidade, nunca harmonia, e o homem permanecerá eternamente cindido" (*EE*, p. 72). Não se trata, portanto, da subordinação unilateral de um impulso pelo outro – o que, de resto, resulta apenas em selvageria ou barbárie, mas nunca no enobrecimento do homem. Como se lê na quarta carta – aquela em que Schiller se refere pela primeira vez a Fichte e distingue entre a "avaliação moral unilateral" e a "avaliação antropológica plena" – o homem "pode ser oposto a si mesmo de duas maneiras: como selvagem, quando seus sentimentos imperam sobre seus princípios, ou como bárbaro, quando seus princípios destroem seus sentimentos" (*EE*, p. 33). Em ambos os casos prevalece a uniformidade, a subordinação unilateral de um impulso ao outro. Já o "homem cultivado", enobrecido pela harmonização dos seus impulsos, "faz da natureza uma amiga e honra sua liberdade, na medida em que apenas põe rédeas aò seu arbítrio" (*EE*, p. 33). A harmonia de um caráter formado em pleno vigor dos impulsos é essencialmente dinâmica.

> Decerto a subordinação tem de existir, mas reciprocamente: pois conquanto os limites jamais possam fundar o absoluto, conquanto a liberdade

jamais possa depender do tempo, é igualmente certo que o absoluto não pode, por si só, jamais fundar os limites, que o estado no tempo não pode depender da liberdade. Ambos os princípios são, a um só tempo, coordenados e subordinados um ao outro, isto é, estão em ação recíproca: sem forma, não há matéria; sem matéria, não há forma. (*EE*, p. 72).

É precisamente nesse ponto que Schiller se refere nominalmente a Fichte pela segunda e última vez: "Esse conceito de ação recíproca, e toda a importância do mesmo, encontra-se excelentemente exposto na *Fundação de toda doutrina da ciência*, de Fichte" (*EE*, p. 72).

A carta a Körner de 29 de dezembro de 1794 – portanto, escrita poucos dias antes do aparecimento do número de estreia de *Die Horen* com as nove primeiras cartas sobre a educação estética – oferece uma indicação importante sobre o que o pensamento de Fichte já significava para Schiller. Em sintonia com o que dissera a Hoven na semana anterior,[9] a autoconfiança intelectual de Schiller era plena, assim como era evidente a referência a Fichte – mais precisamente ao uso que fizera do conceito de "ação recíproca".

> No que diz respeito aos meus trabalhos, agora estou extraordinariamente satisfeito comigo mesmo. Meu sistema se aproxima de uma maturidade e de uma consistência interna que lhe asseguram solidez e permanência. Tudo se conecta da melhor maneira, e através do todo reina uma

---

9. Numa carta a Friedrich Wilhelm von Hoven, de 22 de novembro de 1794, Schiller lhe informava que a revista *Die Horen* seria lançada dentro de poucas semanas, trazendo no primeiro número suas cartas ao Príncipe dinamarquês "totalmente reelaboradas": "Você se alegrará com isso", ele diz, "pois elas são o melhor que fiz em minha vida." Entusiasmado com a possibilidade de ter Kant entre os colaboradores da revista e por sentir-se mais próximo dele – afinal, na recém publicada segunda edição de *A Religião nos limites da simples razão* ele respondera às suas críticas em "Sobre graça e dignidade" –, Schiller se referia a Fichte no mesmo tom: "Fichte me interessa também muito. Ele ergueu um novo sistema na filosofia, que em verdade está construído sobre o kantiano, e que o confirma de novo, mas que possui muito de novo e grande em sua forma. Ele causará muita sensação e polêmica; mas o gênio superior de Fichte lançará tudo ao chão, já que, depois de Kant, ele é certamente a maior cabeça especulativa nesse século. Na feira passada ele publicou cinco preleções de um dos seus cursos que você tem de adquirir. Elas levam o título: Preleções sobre a destinação do erudito (...)" (*NA* 27, p. 92-93).

simplicidade que se torna perceptível para mim mesmo por uma maior facilidade na realização do trabalho. Tudo gira em torno do conceito de ação recíproca entre o absoluto e o finito, dos conceitos de liberdade e de tempo, da capacidade de agir e de padecer. (*NA* 27, p. 113)

A certeza de que realizara algo capaz de satisfazer a mais rigorosa exigência de cientificidade reaparece logo em seguida, na carta a Körner de 5 de janeiro de 1795. Feliz com a reação do amigo às nove primeiras cartas, Schiller lhe adiantava os originais da série destinada ao número de fevereiro de *Die Horen* – ou seja, justamente aquela que contém o primeiro movimento de sua *Elementarphilosophie* –, informava já ter prontas as três primeiras cartas da série seguinte, que ainda contava em publicar no número de março, e avaliava sem rodeios o que conseguira: "Pelo que lerá agora, você pode observar e pôr à prova todo o meu plano. Não nego que estou muito satisfeito com isso, pois uma tal unidade como aquela que sustenta esse sistema é algo que nunca produzi em minha cabeça, e tenho de confessar que considero minhas razões insuperáveis" (*NA* 27, p. 115 e 152).

É mediante o conceito de "ação recíproca" que o problema fundamental das cartas encontra sua solução – uma solução que, como veremos, será indiretamente voltada contra o próprio Fichte. A ação recíproca entre os impulsos humanos fundamentais resulta assim na seguinte exigência:

> O que se passa com a pessoa no reino das Idéias, evidentemente não sabemos; mas que ela, sem receber matéria, não possa manifestar-se no reino do tempo, sabemos com certeza; nesse reino, pois, a matéria terá de determinar algo não apenas *sob* a forma, mas também *ao lado* e independentemente da forma. Por necessário que seja não poder o sentimento decidir no âmbito da razão, é igualmente necessário que a razão não se arrogue decisões no âmbito do sentimento. Ao atribuirmos a cada qual um âmbito, excluiremos dele o outro, colocaremos limites cuja transgressão é sempre *danosa para ambos*. (*EE*, p. 72)

O que a ação recíproca entre os impulsos fundamentais requer é a igualdade de direitos entre o sensível e o racional. Se a dignidade do homem está em seu ser racional, sua nobreza, porém, está na harmonização de sua natureza mista, o que requer o reconhecimento dos direitos da sensibilidade.

Ad b) O segundo ponto que mencionei decorre do primeiro. Ele recai sobre o problema da correta interpretação da filosofia kantiana e, indiretamente, sobre a própria autocompreensão de Fichte: "Numa filosofia transcendental", escreve Schiller,

> em que é decisivo libertar a forma do conteúdo e manter o necessário puro de todo contingente, habituamo-nos facilmente a pensar o material meramente como um empecilho e a sensibilidade numa contradição necessária com a razão, porque ela lhe obstrui o caminho justamente nessa operação. Um tal modo de representação não está de forma alguma no *espírito* do sistema kantiano, embora possa estar na *letra* do mesmo. (*EE*, p. 72)

Eis aqui o que se encontra à base da "avaliação antropológica plena", por oposição à "avaliação moral unilateral". Se nas cartas sobre *Kallias* e em "Sobre graça e dignidade" Schiller procedera com e contra Kant, ele faz o mesmo agora, estendendo esse procedimento ao seu trato com a filosofia de Fichte. Com ele – metodologicamente – Schiller insiste na centralidade do ponto de vista antropológico, enfaticamente assumido nas preleções sobre o erudito, e no conceito de ação recíproca, exposto na *Grundlage*, como chave para a solução do problema da unidade da natureza humana; contra Fichte, Schiller toma a defesa do *espírito* do idealismo transcendental, opondo-se à sua tendência a uma espécie de barbarismo refinado, no qual a natureza figura como a inimiga íntima da moralidade, devendo por isso ser sistematicamente contida pela razão. Essa atitude diante de Fichte – e de Kant – se deixa ver tanto no diagnóstico das patologias da modernidade quanto na defesa da educação estética como terapêutica para a instituição da liberdade. Afinal, essa terapêutica é justificada precisamente pela transição a uma *Elementarphilosophie* na qual a doutrina da ciência é, por assim dizer, desbarbarizada pela força mesma dos seus conceitos fundamentais. Uma vez tornados os conceitos com o auxílio dos quais a nobreza do homem é concebida, é também por meio deles que Schiller faz valer a proeminência do estético no âmbito de toda a filosofia fundamental (colocando em evidência, ainda que de modo indireto, um ponto cego da doutrina da ciência: a ausência de um tratamento sistemático da especificidade do estético ao lado de toda fundamentação dos saberes teórico e prático).

Era notável o desconforto de Schiller com o que poderia ser chamado – via Nietzsche – de os traços "ascéticos" e "niilistas" de Kant e Fichte. Como filósofo, Schiller foi um metafísico; mas talvez nenhum outro metafísico tenha exigido com tanta veemência o reconhecimento da dignidade da natureza humana como uma "natureza mista". Talvez a formação em medicina, o trato como poeta, dramaturgo e historiador com a condição humana e a experiência de uma longa e fatal enfermidade o tenham imunizado contra toda tendência à depreciação do sensível. Seu racionalismo incarnado – digamos assim – exigia a *unidade* da natureza humana como o seu *enobrecimento*. Esse motivo – a nobreza, o enobrecimento do homem – é recorrente nas cartas sobre a educação estética e remete à inusual distinção entre o selvagem e o bárbaro. Enquanto aquele vive simplesmente sob a tirania da sensibilidade, este a submete implacavelmente à coerção de princípios racionais, como se a virtude se desenhasse nas cicatrizes resultantes das feridas abertas numa sensibilidade a ser contida a todo preço. Em sua "letra", o idealismo transcendental tenderia a isso. Em Kant, "como em Lutero", Schiller via algo que "lembra um monge que, na verdade, abriu seu mosteiro, mas não pôde exterminar totalmente os vestígios deste" (*NA* 30, p. 15). Restituir ao idealismo transcendental o seu "espírito" implicava desbarbarizá-lo. Isso certamente também implicava o reconhecimento dos direitos do sensível, mas nunca contra o interesse da razão pela liberdade. Para Schiller, a natureza humana era mista, e não irremediavelmente antagônica. A concordância do homem consigo mesmo, enfaticamente exigida por Fichte, significava para Schiller a reconciliação entre o racional e o sensível. Ela seria a meta ideal de um processo de formação que se punha a todos e a cada um como uma tarefa infinita. Para além do bárbaro e do selvagem, o homem *nobre* cultivado seria aquele desperto para o sentido dessa tarefa.

Schiller via as obras de arte bem conseguidas como símbolos da destinação humana realizada, pois nelas os elementos formais e materiais formariam uma unidade exemplar, em tudo semelhante não só a uma individuação não mutilada, como também à criação de um Estado efetivamente capaz de instituir a liberdade, ou seja, de fazer valer o universal sem a supressão das individualidades. Esse caráter simbólico da arte não seria uma prerrogativa exclusiva da arte, mas o traço distintivo do estético ou da beleza em sua acepção mais ampla. Ao se propor a deduzir um "conceito racional puro da beleza" a partir da natureza humana universal, Schiller queria tornar plausível a tese de que a beleza é uma dimensão necessária de nossa natureza – portanto, que ela estaria submetida a uma legislação tão universal quanto aquela que subjaz ao moralmente justo e ao teoricamente verdadeiro. E como o que estava em jogo – especialmente em face da problemática política do presente – era a educação estética do homem, o primado do problema antropológico se impunha, pois a pergunta pelo homem é a pergunta por aquele que é, ao mesmo tempo, o sujeito e o objeto de uma educação pela qual ele deve vir a si, tornando-se no que é.

IV. Dedução do conceito racional puro da beleza a partir do conceito racional puro da humanidade

Se a oposição entre os impulsos fundamentais não é originária, mas contingente, se a natureza mista do homem se deixa ver pela "via transcendental" como uma totalidade cujas partes merecem direitos iguais, então a tarefa formulada ao final da sexta carta, como conclusão do diagnóstico da modernidade – "restabelecer em nossa natureza, através de uma arte mais elevada, essa totalidade que foi destruída pelo artifício" (*EE*, p. 45) – encontra agora o seu fundamento e sua direção: a ferida aberta pela cultura na humanidade moderna terá de ser fechada pela própria cultura.

> Vigiar e assegurar os limites de cada um dos impulsos é tarefa da *cultura* (...). Sua incumbência, portanto, é dupla: em primeiro lugar, resguardar a sensibilidade das intervenções da liberdade; em segundo lugar, defender a personalidade contra o poder da sensibilidade. A primeira ela realiza

pelo cultivo da faculdade sensível; a outra, pelo cultivo da faculdade racional. (*EE*, p. 71-72)

Pelo máximo cultivo da primeira tem-se "a maior mutabilidade e extensão possíveis"; pelo da segunda,

> a maior autonomia e intensidade possíveis. (...) Sua cultura consistirá, pois, no seguinte; primeiro: proporcionar à faculdade receptiva os mais multifacetados contatos com o mundo e levar ao máximo a passividade do sentimento; segundo: conquistar para a faculdade determinante a máxima independência com relação à receptiva e ativar ao extremo a atividade da razão. Quando as duas qualidades se unificam, o homem conjuga a máxima plenitude de existência à máxima independência e liberdade, abarcando o mundo em lugar de nele perder-se e submetendo a infinita multiplicidade dos fenômenos à unidade de sua razão. (*EE*, p. 72-73)

Esse argumento de Schiller se deixa ver como uma resposta a Fichte, que também pensara a unidade do homem como uma tarefa da cultura. Embora a vontade seja livre, dizia Fichte já ao final da preleção "Sobre a destinação do homem em si" que as determinações empíricas do Eu não dependem de nós, mas de circunstâncias externas, cujo caráter é a multiplicidade. Assim, para fazer valer o imperativo, segundo o qual o homem deve ser o que ele é, é preciso que ele se aplique sobre as coisas externas, que as modifique e as faça concordar com a forma do Eu puro. Para isso, não basta apenas vontade; é preciso habilidade, o que se conquista pelo exercício. É justamente isso o que Fichte chama *cultura*.

> A cultura é diversa apenas segundo graus; mas ela é infinitamente capaz de muitos graus. Ela é o último e supremo meio para o fim último do homem, a plena concordância consigo mesmo, se o homem é considerado como um ser sensível racional; – ela mesma é o fim derradeiro, se ele é considerado como um mero ser sensível. A sensibilidade deve ser cultivada: este é o propósito supremo e último que se pode visar com ela. (*GA* I/3, p. 31)

Esse cultivo da sensibilidade não se confunde com o que Schiller defendia. Na oitava carta, Schiller se ocupa do que considera um dos principais desafios do seu tempo: o de tornar a revolução no mundo filosófico uma força viva, um móbil da vontade e do coração. "Nossa época é esclarecida", diz Schiller. "A razão purificou-se das ilusões dos sentidos e dos sofismas enganosos (...) – onde reside, pois, a causa de ainda sermos bárbaros?" (*EE*, p. 50). *Sapere aude*, diz a máxima do esclarecimento; mas ela parece exigir que o homem já seja sábio para amar o saber.

> Não é suficiente dizer que todo esclarecimento do entendimento só merece respeito quando reflui sobre o caráter; ele parte também, em certo sentido, do caráter, pois o caminho para o intelecto precisa ser aberto pelo coração. A formação da sensibilidade é, portanto, a necessidade mais premente da época, não apenas porque ela vem a ser um meio de tornar o conhecimento melhorado eficaz para a vida, mas também porque desperta para a própria melhora do conhecimento. (*EE*, p. 51)

A educação estética do homem é o *medium* dessa formação da sensibilidade, pelo que ela se deixa ver como uma radicalização da *Aufklärung*. Sob esse aspecto, a educação estética promove uma *Aufklärung* estética, embora nunca por oposição ao esclarecimento teórico e ao esclarecimento prático-moral. Ao contrário, ela permite criar as condições para a apropriação cotidiana dos saberes especializados que ainda permanecem como uma propriedade das escolas e dos eruditos.

Pela formação da sensibilidade, a revolução no mundo filosófico poderia enfim tornar-se uma força viva no mundo da vida, pois a solução do problema político depende da mediação do estético. "Mas aqui não há talvez um círculo?", pergunta Schiller.

> Deve a cultura teórica propiciar a prática, e esta ser a condição daquela? Toda melhoria política deve partir do enobrecimento do caráter – mas como o caráter pode enobrecer-se sob a influência de uma constituição bárbara? Para esse fim seria preciso encontrar um instrumento que o Estado não fornece, e abrir fontes que se conservem limpas e puras apesar de toda corrupção política. Cheguei ao ponto a que se dirigiam todas as minhas considerações precedentes. Este instrumento são as belas-artes; estas fontes nascem em seus modelos imortais. (*EE*, p. 53)

Se "o homem pode distanciar-se de sua destinação por duas vias opostas", a selvageria e a barbárie, se "nossa época marcha sobre ambos os descaminhos", diz Schiller, cabe à beleza "recuperá-lo deste duplo desvio" (*EE*, p. 57). Mas como o testemunho da história parece invalidar essa convicção, Schiller transita do plano empírico ao transcendental justamente para fundamentar sua terapêutica para as patologias da modernidade pela dedução de um conceito racional puro da beleza.

Ao que pese as semelhanças no diagnóstico da modernidade, essa espécie de redenção pelo estético é estranha a Fichte. No entanto, mesmo ao enfatizar a educação *moral* do homem, Fichte se aproxima do que para Schiller seria o espírito do idealismo transcendental, como se pode ver ao final da primeira preleção sobre o erudito. A destinação do homem em si, diz Fichte, secundando a *Crítica da razão prática*, é o *sumo bem*. Ele o determina como "*a perfeita concordância de um ser racional consigo mesmo*" (*GA* I/3, p. 32). Mas como esse ser racional também depende de coisas fora dele, o sumo bem se deixa ver sob um duplo aspecto: por um lado, como "a concordância *da vontade* com a ideia de uma vontade eternamente válida, ou seja, como *bondade ética* (*sittliche Güte*)"; por outro lado, como "a concordância *das coisas fora de nós* com a nossa vontade (evidentemente, com a nossa vontade racional), ou seja, como *felicidade*" (*GA* I/3, p. 32). No entanto, a felicidade não é possível sem a eticidade, pois somente o que é bom nos torna felizes. Esse nexo entre o eticamente bom e a felicidade também será enfatizado por Schiller já nas primeiras linhas de *Sobre a educação estética do homem*: "Falarei de um objeto que está em contato imediato com a melhor parte de nossa felicidade e não muito distante da nobreza moral da natureza humana" (*EE*, p. 23). Por ser capaz de promover a união de nossas forças sensíveis e espirituais, a investigação desse objeto, que deverá sustentar a defesa da "causa da beleza", "exige, com igual frequência, o apelo não só a princípios, mas também a sentimentos" (*EE*, p. 23). Uma das peculiaridades do belo consiste justamente nisso: ao reconciliar o racional e o sensível, ele introduz a dignidade e a felicidade numa mesma esfera. Na vigésima quarta carta, ao observar mais uma vez que o estado de natureza é fundamentalmente uma ideia, Schiller escreve:

O homem, pode-se dizer, nunca esteve de todo nesse estágio animal, mas também nunca lhe escapou por completo. Mesmo nos sujeitos mais brutos encontramos vestígios inconfundíveis da liberdade da razão, assim como no mais culto não faltam momentos que evoquem o sombrio estado de natureza. É próprio do homem conjugar o mais alto e o mais baixo em sua natureza, e se sua *dignidade* repousa na severa distinção entre os dois, a *felicidade* encontra-se na hábil supressão dessa distinção. A cultura, portanto, que deve levar à concordância de dignidade e felicidade, terá de prover à máxima pureza dos dois princípios em sua mistura mais íntima. (*EE*, p. 124-125)

Na concordância de dignidade e felicidade se expressa o ideal do homem nobre, esteticamente formado. Em Fichte, por sua vez, prevalece a "avaliação moral unilateral". "Submeter a si tudo o que é desprovido de razão, dominá-lo livremente e segundo a sua própria lei: este é o derradeiro fim último do homem", escreve Fichte (*GA* I/3, p. 32). No entanto – e nisso Schiller convergia inteiramente com Fichte – o fim último do homem, seja ele a apropriação do Não-eu pelo Eu, seja ele a máxima harmonização entre o racional e o sensível,

é inteiramente inalcançável e tem de permanecer eternamente inalcançável, se o homem não deve deixar de ser homem, e se não deve tornar-se Deus. Encontra-se no conceito de homem que sua meta última é inalcançável, que o seu caminho para ela tem de ser infinito. Portanto, a destinação do homem não é alcançar essa meta. Mas ele pode e deve aproximar-se cada vez mais dessa meta; e, por isso, *a aproximação ao infinito dessa meta* é a sua verdadeira destinação como *homem*, isto é, como ser racional, mas finito, como ser sensível, mas livre. (*GA* I/3, p. 32)

Como a completa concordância do homem consigo mesmo resultaria em sua perfeição (*Vollkommenheit*), a destinação do homem seria então propriamente o "aperfeiçoamento ao infinito" (*Vervollkommung ins unendliche*): "Ele existe para tornar a si mesmo sempre eticamente melhor e para tornar tudo ao seu redor *sensivelmente* melhor, e se é considerado em sociedade, também *eticamente* melhor, e assim tornar a si mesmo cada vez mais feliz" (*GA* I/3, p. 32).

O critério que permite decidir o que é o melhor permanece, no entanto, algo abstrato, ou unilateral, como dizia Schiller, pois ele está enraizado no Eu puro, e não na natureza mista do homem. Para Schiller, a tarefa da cultura seria promover a máxima ação recíproca entre os impulsos humanos fundamentais. Contudo, a *perfeita* ação recíproca entre os impulsos só é concebível para o homem como uma "tarefa da razão": "É a *Ideia de sua humanidade*, no sentido mais próprio da palavra, um infinito, portanto, do qual pode aproximar-se mais e mais no curso do tempo sem jamais alcançá-lo" (*EE*, p. 77). A plena realização da humanidade do homem, sendo uma tarefa da razão, é portanto uma "tarefa infinita", no sentido que Fichte deu a essa expressão.

> Existissem casos em que ele fizesse *simultaneamente* esta dupla experiência, em que fosse consciente de sua liberdade e sentisse a sua existência, em que se percebesse como matéria e se conhecesse como espírito, nestes, e só nestes, ele teria uma intuição plena de sua humanidade, e o objeto que lhe proporcionasse essa intuição viria a ser um símbolo de sua *destinação realizada* (visto que esta é apenas alcançável na totalidade do tempo) e, assim, uma exposição do infinito. (*EE*, p. 77-78)

Tais casos, diz Schiller, "despertariam no homem um novo impulso", pelo qual ambos os impulsos fundamentais seriam solicitados na plenitude de suas forças (*EE*, p. 78). Esse novo impulso, o *impulso lúdico*, "seria direcionado, portanto, a suprimir o tempo *no tempo*, a ligar o devir ao ser absoluto, a modificação à identidade" (*EE*, p. 78). "O impulso sensível quer ser determinado, quer receber o seu objeto", eliminando assim a espontaneidade e a liberdade do sujeito; "o impulso formal quer determinar, quer engendrar o seu objeto", eliminando por isso toda passividade e dependência (*EE*, p. 78). Ambos "impõem necessidade ao ânimo: aquele por leis da natureza, este por leis da razão" (*EE*, p. 78). Pela ação recíproca de ambos, o impulso lúdico "empenha-se em receber assim como teria engendrado e engendrar assim como o sentido almeja por receber" (*EE*, p. 78). Ele "imporá necessidade ao espírito física e moralmente a um só tempo; pela supressão de toda contingência ele suprimirá, portanto, toda necessidade, libertando o homem tanto moral quanto fisicamente" (*EE*, p. 78).

Aquele "terceiro caráter" sobre o qual Schiller falara ao final da terceira carta (*EE*, p. 29), apresentando-o como o termo de ligação entre o Estado natural e o Estado moral, recebe agora, com a introdução do impulso lúdico, uma conceituação mais precisa. Ela será concluída pela caracterização do chamado "estado estético". Antes, porém, Schiller determina o objeto do impulso lúdico – ou seja, aquele objeto que seria o símbolo da "destinação realizada" do homem e, por isso, uma "exposição do infinito".

> O objeto do impulso sensível, expresso num conceito geral, chama-se *vida* em seu significado mais amplo; um conceito que significa todo o ser material e toda a presença imediata nos sentidos. O objeto do impulso formal, expresso num conceito geral, é a *forma*, tanto em significado próprio como figurado; um conceito que compreende todas as disposições formais dos objetos e todas as suas relações com as faculdades de pensamento. O objeto do impulso lúdico, representado num esquema geral, poderá ser chamado de *forma viva*, um conceito que serve para designar todas as qualidades estéticas dos fenômenos, tudo o que em resumo entendemos no sentido mais amplo por *beleza*. (*EE*, p. 81)

A unificação de forma e vida, que engendra a beleza, é inexplicável tanto pela experiência como pela razão. A abstração pela qual chegou-se aos dois conceitos últimos e aos dois impulsos fundamentais do homem como uma natureza mista esgota aqui o seu poder de explicação: a unificação de forma e vida – e, portanto, a própria beleza – deve ser necessariamente admitida como um *postulado* da razão. "Embora saibamos apontar as partes de cuja unificação nasce a beleza, a gênese desta ainda não está explicada; pois para isso exigir-se-ia compreender *a própria unificação*, a qual permanece imperscrutável para nós como toda ação recíproca entre o finito e o infinito" (*EE*, p. 82). Eis aqui, portanto, o *limite* de toda explicação: a gênese da beleza permanece oculta. Ao deparar-se com esse limite, a analítica antropológica, que começara por um primeiro princípio incondicionado – a autoposição do homem –, encerra o seu primeiro movimento com um postulado: o da unidade *problemática* da natureza mista do homem, visto ser ela não apenas uma *tarefa*, mas uma tarefa *infinita*. "A razão, por motivos transcendentais, faz a exigência: deve haver uma comunidade entre impulso formal e material, isto é, deve haver um impulso lúdico, pois que apenas a unidade de realidade e forma, de contingência e necessidade, de passividade e liberdade, completa o conceito de humanidade" (*EE*, p. 82). É absolutamente necessário que a razão postule isso pela força mesma da autoposição do homem como um ser que é pura e simplesmente porque é.

> Ela tem de fazer esta exigência porque é razão; porque, segundo sua essência, requer perfeição e afastamento de todos os limites, ao passo que a atividade exclusiva de um ou outro impulso deixa imperfeita a natureza humana, nela fundando uma limitação. Logo, pois, que pronuncia: deve haver uma humanidade, ela estabelece, por este mesmo ato, a lei: deve haver uma beleza. (*EE*, p. 82)

É precisamente nesse sentido que a determinação do "conceito racional puro da beleza" coincide com o "conceito puro da humanidade", pois a beleza é "uma condição necessária da humanidade". "A experiência pode responder-nos se existe uma beleza, e o saberemos, tão logo ela nos ensine se existe uma humanidade. *Como*, entretanto, a beleza pode existir e como uma humanidade é possível, isso nem razão nem experiência pode ensinar-nos" (*EE*, p. 82).

A última fronteira de toda analítica antropológica, pela qual o conceito racional puro da beleza foi deduzido da natureza humana universal, é demarcada mediante um postulado. Circunscrito o território da *Elementarphilosophie*, Schiller prossegue determinando aquele conceito, o que significa agora elucidar o próprio conceito de um impulso lúdico como a ação recíproca dos impulsos sensível e formal. "Este nome", escreve Schiller sobre o *Spieltrieb*,

> é plenamente justificado pela linguagem corrente, que costuma chamar jogo tudo aquilo que, não sendo subjetiva nem objetivamente contingente, ainda assim não constrange nem interior nem exteriormente. Se o espírito encontra, ao intuir o belo, um feliz meio-termo entre a lei e a necessidade, é justamente porque se divide entre os dois, furtando-se à coerção de um e de outro. (*EE*, p. 83)

Por isso o impulso lúdico corresponde ao completo desdobramento da natureza mista do homem; por isso ele é a "consumação de sua humanidade" (*EE*, p. 82).

O jogo nos liberta da *seriedade* dos outros impulsos, *ampliando* nossa natureza, ou seja, colocando-nos mais próximos da ideia da humanidade. "A beleza realmente existente é digna do impulso lúdico real; pelo Ideal de beleza, todavia, que a razão estabelece, é dado também como tarefa um Ideal de impulso lúdico que o homem deve ter presente em todos os seus jogos" (*EE*, p. 83-84). O belo é, em última análise, um imperativo da razão. Schiller precisou essa definição da beleza numa importante carta a Körner de 25 de outubro de 1794:

> O belo não é um conceito da experiência, e sim antes um imperativo. Ele é certamente objetivo, mas apenas como uma tarefa necessária para a natureza sensível e racional; na experiência efetiva, no entanto, ela permanece habitualmente não satisfeita, e se um objeto pode ainda assim ser belo, então o entendimento *antecipador* faz dele momentaneamente um objeto perfeito, ou a sensibilidade antecipadora faz dele um objeto meramente agradável. É algo inteiramente subjetivo se sentimos o belo como belo; mas isso deveria ser objetivo. (*NA* 27, p. 71)

O caráter objetivo do belo, o qual Schiller buscara desde a sua correspondência com Körner sobre *Kallias*, mas que somente sob o influxo de Fichte conseguiria determinar satisfatoriamente, consiste assim nesse imperativo.

> A razão (...) diz: o belo não deve ser mera vida ou mera forma, mas forma viva, isto é, deve ser beleza à medida que dita ao homem a dupla lei da formalidade e realidade absolutas. Com isso, ela afirma também: o homem deve somente *jogar* com a beleza, e somente *com a beleza* deve jogar. Pois, para dizer tudo de vez, o homem joga somente quando é homem no pleno sentido da palavra, e *somente é homem pleno quando joga*. (*EE*, p. 84)

A importância atribuída por Schiller a essa afirmação, na qual o nobre e o lúdico coincidem, é proporcional à carga que ela deverá suportar, pois sobre ela será erguido "o edifício inteiro da arte estética e da bem mais dificultosa arte de viver" (*EE*, p. 84) – um problema do qual ele se ocupará na terceira e última série das cartas.

O belo ideal consiste "na ligação e no *equilíbrio* mais perfeito de realidade e forma" (*EE*, p. 87). Como esse equilíbrio é uma ideia – portanto, inalcançável – o belo na experiência será sempre "uma variação entre os dois princípios, em que ora domine a forma ora a realidade" (*EE*, p. 87). Daí os dois *efeitos* básicos do belo na experiência: por um lado, ele tende a ser *dissolvente*, na medida em que mantém os impulsos nos seus limites; por outro lado, pode ser *tensionante*, assegurando a ambos suas forças. No primeiro caso, trata-se do que Schiller chama de "beleza suavizante"; no segundo, da "beleza enérgica".

> O belo ideal, embora indivisível e simples, em contextos diversos apresenta tanto uma propriedade suavizante quanto uma enérgica; na experiência existe uma beleza suavizante e outra enérgica. Isso é e será assim sempre que o absoluto seja posto nos limites do tempo e as Idéias da razão devam ser realizadas na humanidade. O homem reflexivo pensa a virtude, a verdade, a felicidade; o homem ativo, entretanto, apenas exercerá *virtudes*, apenas apreenderá *verdades*, apenas gozará de dias *felizes*. Reduzir estas àquelas – substituir os costumes pela eticidade, os conhecimentos pelo conhecimento, o bem-estar pela felicidade –, esta é a incumbência da cultura física e moral; a tarefa da educação estética é fazer das belezas a beleza. (*EE*, p. 88)

Deduzido o conceito racional puro da beleza, Schiller se ocupará nas cartas seguintes do que poderia ser entendido como uma *dialética da beleza*. Ela dá início ao segundo movimento de sua analítica antropológica. Como se lê ao final da décima sexta carta, com a qual se encerra a segunda série publicada em *Die Horen*, a educação estética do homem como o restabelecimento da unidade harmônica de sua natureza mista – numa palavra, o seu enobrecimento mediante a superação das tendências à selvageria e ao barbarismo – corresponde à síntese das belezas no belo ideal: "Examinarei os efeitos da beleza suavizante no homem tenso e os efeitos da beleza enérgica no homem distendido, para, ao fim, apagar as duas espécies de beleza na unidade do belo ideal, à semelhança do que ocorre na unidade do homem ideal, em que as duas formas opostas de humanidade desaparecem" (*EE*, p. 89).

V. Dialética da beleza
a) A liberdade estética

Quando se considera a ideia da humanidade à luz do homem concreto, empiricamente determinado, "podem existir apenas *dois* desvios opostos": aquele em que predomina o "estado de tensão" e aquele em que predomina o "estado de distensão" (*EE*, p. 91). A oposição entre ambos é suprimida pela beleza. Ela "refaz no homem tenso a harmonia e a energia no homem distendido, e assim reconduz, segundo sua natureza, o estado limitado ao absoluto, tornando o homem um todo perfeito em si mesmo" (*EE*, p. 92). Schiller concentra-se aqui especialmente no efeito liberador da beleza suavizante, introduzindo um conceito de *liberdade* que envolve o homem por inteiro. A *tensão* é um estado resultante seja da coerção das sensações, seja da coerção dos conceitos sobre a natureza mista do homem. "Qualquer dominação *exclusiva* de um dos seus dois impulsos fundamentais é para ele um estado de coerção e violência; a liberdade está somente na atuação conjunta de suas duas naturezas" (*EE*, p. 92). Como a ação recíproca dos impulsos humanos fundamentais, essa *liberdade* tornada possível pela beleza será definida por Schiller como uma liberdade *estética*.

A beleza suavizante tem assim uma "dupla tarefa":

> *Em primeiro lugar*, como forma calma, ela amenizará a vida selvagem e abrirá o caminho das sensações para o pensamento; *em segundo lugar*, como imagem viva, ela armará de força sensível a forma abstrata, reconduzirá o conceito à intuição e a lei ao sentimento. O primeiro serviço ela presta ao homem natural, o segundo ao artificial. (*EE*, p. 92-93)

Sendo essa a tarefa da beleza suavizante, o problema que dá origem ao segundo movimento da analítica antropológica é o seguinte: "Para podermos conceber a beleza como meio de suprimir essa dupla tensão, temos de tentar buscar sua origem no ânimo humano" (*EE*, p. 93). Será preciso "mais uma curta estada no âmbito da especulação" para que se possa retornar com segurança ao "campo da experiência" (*EE*, p. 93).

Se a beleza eleva o homem sensível à forma e ao pensamento, enquanto reconduz o homem espiritual à matéria e ao sensível, deve haver um "estado intermediário" (*EE*, p. 95) entre o formal e o material, entre a atividade e a passividade, no qual ela o coloca. Mas se é isso que a experiência nos ensina, por outro lado sabemos pela razão que a distância entre matéria e forma é infinita, não havendo termo médio entre ambas. A solução dessa aporia, que retoma o problema anterior da possibilidade de um terceiro impulso, é o ponto alto da investigação e será o tema dominante das cartas 19 a 23. Dela depende a possibilidade de encontrar o fio condutor que oriente o percurso pelo "labirinto da estética" (*EE*, p. 95). Como Schiller disse a Fichte, esse é o "nervo da questão" (*NA* 28, p. 360).[10] Sua solução implica "duas operações extremamente diversas" que, no entanto, têm de sustentar uma à outra:

> A beleza, ficou dito, liga dois estados que são opostos *um ao outro* e nunca podem unir-se. É dessa oposição que temos de partir; temos de concebê-la e reconhecê-la em toda a sua pureza e rigor, de modo que os dois estados se distingam com a máxima determinação; se não misturamos, mas não ligamos. Em segundo lugar, ficou dito que a beleza *vincula* aqueles dois estados e suprime, portanto, sua oposição. Mas porque os dois estados permanecem eternamente opostos um ao outro, não podem ser ligados senão à medida que são suprimidos. Nossa segunda incumbência, portanto, é tornar essa ligação tão perfeita, é executá-la de maneira tão pura e completa, que os dois estados desapareçam por completo num terceiro e não reste nenhum vestígio da divisão no todo; se não isolamos, mas não ligamos. (*EE*, p. 95-96)[11]

A analítica antropológica desdobra-se aqui numa solução dialética para o problema da beleza, já prenunciada pela introdução do impulso

---

10. Carta a Fichte, 3 de agosto de 1794.
11. Segundo Schiller, todos os impasses das estéticas sensualistas e racionalistas se devem a que jamais conseguiram estabelecer uma distinção e uma ligação adequadas dos termos do problema. Seria interessante relacionar esse diagnóstico ao mapeamento das posições filosóficas típicas em estética feito por Schiller em sua carta a Körner de 25 de janeiro de 1793 (*NA* 26, p. 175; *K*, p. 42).

lúdico. "É possível distinguir no homem, em geral, dois estados diversos de determinabilidade passiva e ativa, e outros dois estados de determinação passiva e ativa" (*EE*, p. 99). Determinabilidade sem limites é o estado do espírito humano antes de qualquer impressão sensível. Enquanto mera possibilidade de determinação, ele é uma "infinitude vazia" (*EE*, p. 99). Quando o espírito é afetado, algo deve ganhar realidade: surge uma representação – e a infinitude se perde: o espaço é limitado, o tempo, dividido. Assim, toda posição, toda postulação real implica negação, exclusão. "Mas nenhuma realidade jamais surgiria de uma mera exclusão, e nenhuma representação jamais surgiria de uma mera impressão sensível, se não existisse algo *de que* se exclui, se a negação não fosse referida a algo positivo e se da não-posição não surgisse a oposição mediante um estado-de-ação absoluto; essa ação do ânimo chama-se julgar ou pensar, e seu resultado é o *pensamento*" (*EE*, p. 100).

Ao mobilizar aqui alguns dos principais conceitos da doutrina da ciência, Schiller à primeira vista reitera a tese central de Fichte, segundo a qual o Eu puro que põe a si mesmo é antes um estado-de-ação (*Tathandlung*) que, como fundamento de toda consciência, é acessível apenas por intuição intelectual. No entanto, a tese de Fichte é reiterada no movimento mesmo em que é assimilada pela *Elementarphilosophie* de Schiller, pelo que já não é mais simplesmente a mesma. Afinal, o problema mais alto com o qual sua *Elementarphilosophie* se defronta é o da possibilidade da unidade da natureza humana pela harmonização de suas partes heterogêneas, e não pela anexação de todo não-idêntico pelo Eu. Por paradoxal que possa parecer, captar o espírito da doutrina da ciência – e do idealismo transcendental em geral – significa tomar literalmente o conceito de ação recíproca. Como dizia Schiller a Körner, tudo gira em torno da ação recíproca entre finito e infinito, sensibilidade e racionalidade, os estados e a pessoa. A estrutura transcendental da subjetividade mista consiste numa unidade de identidade e não-identidade sustentada pelo estado-de-ação absoluto pelo qual ela se põe.

O fato de a beleza permitir uma transição do sentir ao pensar, da passividade à atividade, não quer dizer que ela preencha o abismo existente entre ambos os polos da subjetividade, pois "este abismo é infinito", diz Schiller (*EE*, p. 100). Para que do individual e contingente surja o universal e necessário é preciso a intervenção de "uma faculdade nova e autônoma" (*EE*, p. 100), cuja ação é o pensamento. Embora despertada pela sensibilidade, a atividade do pensamento propriamente dito independe dos sentidos e se faz por oposição a eles. Portanto, é "apenas por proporcionar às faculdades do pensamento liberdade de se exteriorizarem segundo suas leis próprias que a beleza pode tornar-se um meio de levar o homem da matéria à forma, das sensações a leis, de uma existência limitada a uma absoluta" (*EE*, p. 100). Este é, por assim dizer, o caráter *transitivo* do belo: o de servir de meio para a ação livre das faculdades do pensamento.

À objeção segundo a qual a autonomia do espírito poderia estar comprometida pelo fato de a liberdade das faculdades de pensamento poder ser obstruída, Schiller responde que isso se deve antes a um espírito enfraquecido do que ao vigor dos sentidos. No entanto, essa resposta pode implicar uma nova objeção, já que a autonomia do espírito parece ter sido resguardada em detrimento de sua unidade. "Pois como pode o ânimo tirar simultaneamente *de si mesmo* fundamentos da não-atividade e da atividade, se ele não for cindido, oposto a si mesmo?" (*EE*, p. 101). No entanto, Schiller adverte que se trata aqui sempre do espírito finito, portanto, obrigado a conjugar ambos os impulsos.

> Saber em que medida essas duas tendências tão opostas podem coexistir num mesmo ser é tarefa que pode pôr em embaraço o metafísico, mas não o filósofo transcendental. Este não se ocupa em explicar a possibilidade das coisas, mas basta-se com estabelecer os conhecimentos a partir dos quais se compreende a possibilidade da experiência. E como a experiência seria tão impossível sem aquela oposição no ânimo quanto sem a sua unidade absoluta, ele estatui, com pleno direito, os dois conceitos como condições igualmente necessárias da experiência, sem preocupar-se mais com a sua possibilidade de ligação. (*EE*, p. 101)

De resto, isto não contradiz a "unidade absoluta do espírito": os impulsos "coexistem", "agem *nele*, mas ele mesmo não é nem matéria nem forma, nem sensibilidade nem razão (...)"(*EE*, p. 101).

Na medida em que se desenvolvem, os impulsos se voltam naturalmente para os seus respectivos objetos. Como são opostos, os esforços por eles despendidos e o constrangimento gerado se anulam de tal modo que, sobre a oposição suprimida, "a vontade afirma uma perfeita liberdade entre ambos. É a vontade, portanto, que está para os dois impulsos como um *poder* (como fundamento da realidade), sendo que nenhum dos dois pode, por si só, comportar-se em face de outro como poder" (*EE*, p. 102). Naturalmente, não se trata aqui da vontade moral, mas do poder humano de agir ou deixar de agir, de ser "plenamente livre entre dever e inclinação", como se lê na quarta carta, da "faculdade de escolha" (*EE*, p. 31). "Não existe no homem nenhum outro poder além de sua vontade, e somente o que suprime o homem, como a morte ou qualquer roubo de sua consciência, pode suprimir a liberdade interior" (*EE*, p. 102).

Uma necessidade fora de nós é involuntária e independente de nós: revela o nosso ser sensível e passivo. Já uma necessidade em nós "revela nossa personalidade por ocasião daquela impressão e por oposição a ela; pois a autoconsciência não pode depender da vontade, que a pressupõe" (*EE*, p. 102). Assim como o metafísico não compreende a limitação do espírito pelos sentidos, o físico não compreende a infinitude da personalidade, revelada nesta limitação.

> Nem abstração nem experiência conduzem-nos de volta à fonte de onde provêm nossos conceitos de universalidade e necessidade; sua manifestação prematura no tempo as subtrai ao observador, e sua origem supra-sensível ao investigador metafísico. Basta, contudo, que a autoconsciência esteja ali, para que, com sua unidade inalterável, seja estabelecida simultaneamente a lei da unidade de tudo aquilo que é *para* o homem e de tudo aquilo que deve vir a ser *através dele*, a lei da unidade de seu conhecer e de seu agir. Os conceitos de verdade e justiça são expostos de uma maneira inevitável, indelével, incompreensível já na ideia da sensibilidade, e sem que alguém saiba dizer de onde e como nasceram, percebe-se a eternidade no tempo e a necessidade no cortejo contingente. Assim, sensibilidade e autoconsciência originam-se sem nenhuma participação do sujeito, e a

origem de ambas está para além tanto de nossa vontade como da esfera de nosso conhecimento. (*EE*, p. 102-103)

Que somos assim e não de outro modo: eis aqui o ponto a partir do qual já não mais podemos retroceder, o ponto em que toda afirmação é autoafirmação, toda posição, autoposição – o *terminus ad quem* desde o qual tudo é para o homem e pelo homem na exata medida da estrutura transcendental da subjetividade. Como se vê, o segundo movimento da analítica antropológica recapitula inteiramente o primeiro.

A plena realidade dos dois impulsos – do impulso sensível como "experiência da vida (pelo começar do indivíduo)" e do impulso racional como "experiência da lei (pelo começar da personalidade)" – consiste no despertar da humanidade do homem (*EE*, p. 103). "Até que isso aconteça tudo nele se faz segundo a lei da necessidade; agora, porém, é abandonado pela mão da *natureza*, e passa a ser questão sua afirmar a humanidade que ela estruturara e revelara nele. Pois tão logo os dois impulsos fundamentais e opostos ajam nele, perdem ambos seu constrangimento, a oposição de suas necessidades dá origem à *liberdade*" (*EE*, p. 103). Assim como aquela vontade, essa liberdade não é a liberdade moral, enraizada na personalidade do homem, "mas sim aquela que se funda em sua natureza mista" (*EE*, p. 103), portanto, na totalidade do ânimo, na estrutura da subjetividade transcendental reconciliada consigo mesma. A primeira está para a "avaliação moral unilateral" assim como a segunda para a "avaliação antropológica plena". "Quando age exclusivamente pela razão, o homem prova uma liberdade da primeira espécie; quando age racionalmente nos limites da matéria e materialmente, sob leis da razão, prova uma liberdade da segunda espécie. A segunda" – a liberdade estética – "poderia ser explicada apenas como uma possibilidade natural da primeira" (*EE*, p. 103).

Schiller considera a liberdade como um "efeito da *natureza*" no amplo sentido da palavra natureza: ela não é uma "obra humana", podendo ser favorecida ou impedida por meios naturais (*EE*, p. 105). A liberdade só começa quando o homem está "completo" (*EE*, p. 105), ou seja, quando desenvolveu seus dois impulsos. Se a liberdade está em falta quando apenas um impulso se manifesta e o homem é incompleto, por outro lado "ela tem de poder ser reconstituída por tudo aquilo que pode torná-lo de novo completo" (*EE*, p. 105). Seja enquanto indivíduo, seja enquanto espécie, há um momento em que o homem é incompleto, pois ele começa pela vida, pela individualidade e pelas limitações, para aceder à forma, à pessoa, à infinitude. O impulso sensível precede o racional, assim como a sensação à consciência; "e nesta *prioridade* do impulso sensível encontramos a chave de toda a história da liberdade humana" (*EE*, p. 105). Percebe-se com isso o contorno do problema que se avizinha: se é pela beleza que se vai à liberdade (seja à liberdade estética, seja à liberdade moral), é partindo do sensível que se chega à beleza.[12]

b) O estado estético

Enquanto o impulso formal não entra em cena, a sensibilidade, o impulso vital, age como um poder. Já no estado do pensar, a razão deve agir como um poder e impor à necessidade física a necessidade lógica ou moral.

> É preciso que o poder da sensibilidade seja aniquilado antes que a lei seja elevada a poder. Não é suficiente, portanto, que comece algo que ainda não era; é preciso que antes cesse algo que era. O homem não pode passar imediatamente do sentir ao pensar; ele tem de *retroceder um passo*, pois somente quando uma determinação é suprimida pode entrar a que lhe seja oposta. (*EE*, p. 106)

Tudo se passa como numa troca de sentinelas. É preciso que uma ceda o *posto* para a outra: a sensibilidade deve ser destituída de sua posição para que a racionalidade assuma o comando. Mas, *enquanto* aquela retrocede, esta ainda não avançou um passo. Aquela já não mais empunha sua arma como antes; esta, ainda não está de prontidão. Nesse momento intermediário, o posto está vazio, pois foi desocupado pela primeira sem que já tenha sido assumido pela segunda. Momentaneamente

---

12. Essa "história da liberdade humana" foi em boa medida reconstruída nas duas últimas cartas de *Sobre a educação estética do homem*, mas não será considerada no presente trabalho (Cf. *EE*, 136-146).

desoneradas de suas funções, as sentinelas conversam livremente entre si à igual distância do posto ainda vago.

É o que se passa naquele estado intermediário, o estado estético: os impulsos jogam entre si na mais livre ação recíproca.

Portanto, para substituir a passividade pela espontaneidade, a determinação passiva pela ativa, ele [o homem] tem momentaneamente de *ser livre de toda determinação* e percorrer um estado de mera determinabilidade. Ele tem, de certo modo, de retroceder àquele estado negativo de mera ausência de determinações, no qual se encontrava antes de qualquer impressão ter afetado sua sensibilidade. Aquele estado, porém, fora completamente vazio de conteúdo, enquanto agora importa ligar uma igual ausência de determinações e uma determinabilidade igualmente ilimitada ao máximo possível de conteúdo, pois deste estado deve resultar imediatamente algo de positivo. A determinação que ele recebe pela sensação tem, portanto, de ser retida, pois ele não pode perder a realidade; ao mesmo tempo, entretanto, à medida que é limitação, ela tem de ser suprimida, pois deve ter lugar uma determinabilidade ilimitada. A tarefa, portanto, é destruir e conservar a um só tempo a determinação do estado, o que só é possível se lhe *opusermos uma outra*. Os pratos da balança equilibram-se quando vazios e também quando suportam pesos iguais. Assim, o ânimo passa da sensação ao pensamento mediante uma disposição intermediária, em que sensibilidade e razão são *simultaneamente* ativas e por isso mesmo suprimem mutuamente seu poder de determinação, alcançando uma negação mediante uma oposição. Esta disposição intermediária, em que a mente não é constrangida nem física nem moralmente, embora seja ativa dos dois modos, merece o privilégio de ser chamada uma disposição livre, e se chamamos físico o estado de determinação sensível, e lógico e moral o de determinação racional, devemos chamar *estético* o estado de determinabilidade real e ativa. (*EE*, p. 106-107)

Numa nota muito importante, Schiller esclarece o sentido em que usa aqui o termo "estético". Segundo ele, o conteúdo dos fenômenos pode ser considerado sob quatro aspectos: *fisicamente*, quando o referimos ao nosso "estado sensível (nossa existência e bem estar)"; *logicamente*, quando o referimos ao entendimento, tendo em vista o conhecimento; *moralmente*, quando o referimos à nossa vontade sob a determinação da razão; *esteticamente*, quando "pode referir-se ao todo de nossas diversas faculdades sem ser objeto determinado para nenhuma isolada dentre elas" (*EE*, p. 107). Quatro formas fundamentais de *educação* decorrem disso. Seus respectivos objetos são: a saúde, o pensamento, a moralidade, "o gosto e a beleza". Esta, a educação estética, "tem por fim desenvolver em máxima harmonia o todo de nossas faculdades sensíveis e espirituais" (*EE*, p. 107). Se no estado estético o ânimo experimenta a mais intensa liberdade, isso não quer dizer que a ausência de coerções equivalha à ausência de leis. Observando que suas cartas sobre a educação estética "de nada mais se ocupam além da refutação desse erro" (isto é, que "o conceito do estético comporta o do arbitrário"), Schiller adverte que "a liberdade estética se distingue da necessidade lógica no pensamento e da necessidade moral no querer apenas pelo fato de que as leis segundo as quais o ânimo procede ali *não são representadas* e, como não encontram resistência, não aparecem como constrangimento" (*EE*, p. 107).

Se se volta agora à tese inicial, de acordo com a qual há um duplo estado de determinabilidade e um duplo estado de determinação, o primeiro estado de determinabilidade (passiva) corresponde à ausência de determinações; o segundo, à determinabilidade estética, ou seja, a um estado no qual uma determinação não exclui a outra. O estado estético é assim um estado ilimitado, "porque unifica toda a realidade" (*EE*, p. 109). O ânimo é determinado ou bem porque foi limitado ou bem porque se limitou. No primeiro caso, sentimos; no segundo, pensamos. O pensar está para a determinação assim como a "constituição estética" para a determinabilidade: o pensar é "limitação por força interior infinita"; a constituição estética é "negação por plenitude interior infinita" (*EE*, p. 109). O sentir e o pensar se tocam em apenas um ponto, do mesmo modo que a determinabilidade estética se encontra em apenas um ponto com a ausência de determinação. "Portanto, se a ausência de determinação por falta era representada com uma *infinitude vazia*, a liberdade de determinação estética, que é a contrapartida real daquela, tem de ser considerada como uma *infinitude plena* (...)" (*EE*, p. 109).

No estado estético, "o homem é *zero*" se consideramos apenas um resultado isolado, e não o todo,

> pois a beleza não oferece resultados isolados nem para o entendimento nem para a vontade, não realiza, isoladamente, fins intelectuais ou morais, não encontra uma verdade sequer, não auxilia nem mesmo o cumprimento de um dever, e é, numa palavra, tão incapaz de fundar o caráter quanto de iluminar o ânimo. Pela cultura estética, portanto, permanecem inteiramente indeterminados o valor e a dignidade pessoais de um homem, à medida que estes só podem depender dele mesmo, e nada mais se alcançou senão o fato de que, a partir de agora, tornou-se-lhe possível *pela natureza* fazer de si mesmo o que quiser – de que lhe é completamente devolvida a liberdade de ser o que deve ser. (*EE*, p. 110)

Essa liberdade estética significa, em última análise, a neutralização das determinações sensíveis e formais. Em outras palavras, no estado estético o homem recupera uma liberdade que lhe foi "tomada pela coerção unilateral da natureza na sensação e pela legislação exclusiva da razão no pensamento" (*EE*, p. 110). Na medida em que o estado estético nos liberta de toda coerção natural ou racional, a beleza se deixa ver como "a suprema de todas as dádivas, a dádiva da humanidade" (*EE*, p. 110).

> Não é, pois, mera licença poética, mas também um acerto filosófico, chamarmos a beleza nossa segunda criadora. Pois embora apenas torne possível a humanidade, deixando à nossa vontade livre o quanto queremos realizá-la, a beleza tem em comum com nossa criadora original, a natureza, o fato de que não nos concede nada mais senão a capacidade para a humanidade, deixando o uso da mesma depender da determinação de nossa própria vontade. (*EE*, p. 111)

Eis aqui, claramente traçados, *os limites da ação do belo*.

A "disposição estética do ânimo", diz Schiller, é um "estado de máxima realidade, se se atenta na ausência de toda determinação e na soma das forças que nela são conjuntamente ativas" (*EE*, p. 113). Eis porque o estado estético é "o mais fértil com vistas ao conhecimento e à moralidade" (*EE*, p. 113). Essa tese pode ser melhor compreendida à luz da teoria kantiana do juízo estético. Segundo Kant, no juízo estético as faculdades de conhecimento entram numa relação tal que tudo se passa como se se tratasse da produção de um conhecimento, quando em verdade a imaginação esquematiza sem conceitos. A relação entre a imaginação e o entendimento resulta assim num jogo livre, em cuja base estão dadas tão somente as *condições* para um conhecimento *em geral*. Nesse sentido, o que fazemos na experiência estética é a "*experiência* (das condições de possibilidade) *da experiência*" (Früchtl, 1993, p. 155). Creio que é precisamente isso o que Schiller nos diz no seguinte passo: "Se nos entregarmos, entretanto, à fruição da beleza autêntica, somos senhores, a um tempo e em grau idêntico, de nossas forças passivas e ativas, e com igual facilidade nos voltaremos para a seriedade e para o jogo, para o repouso e para o movimento, para a brandura e para a resistência, para o pensamento abstrato ou para a intuição" (*EE*, p. 114). Apenas o estado estético é capaz de suscitar tantos movimentos, favorecendo tantas transições. Daí a tese de Schiller, segundo a qual o estado estético, em virtude mesmo das disposições nas quais ele coloca o ânimo, é "a condição necessária sem a qual não chegaremos nem a um conhecimento nem a uma intenção moral. Numa palavra: não existe maneira de fazer racional o homem sensível sem torná-lo antes estético" (*EE*, p. 117). A tese central de Schiller, enunciada ao final da segunda carta – é pela beleza que se vai à liberdade – mostra-se agora claramente como uma formulação particular de uma tese mais ampla: é pela beleza que se chega à liberdade *e* à verdade; é pelo *estético* que se transita ao *ponto de vista transcendental* de onde se divisa a *unidade* da razão e do ânimo.

A questão que se segue a essa tese é tão essencial quanto previsível: seria a mediação do estético "absolutamente inevitável"? (*EE*, p. 117). A verdade e o dever não poderiam prescindir dela e atingir diretamente o homem sensível? Schiller responde que a verdade e o dever não só podem como devem atingir diretamente o homem sensível, pois a beleza não interfere na disposição teórica ou prática do sujeito – ou seja, ela não determina essa disposição, apenas o liberta *de* coerções pouco favoráveis a que o conceito fale ao entendimento assim como a lei moral à razão. A liberdade estética é fundamentalmente uma liberdade negativa e, virtualmente, uma liberdade *para*, uma liberdade positiva, mas desde que colhida pelo que em nós é o poder supremo: a vontade, livre entre a inclinação e o dever. É sob essas condições que o estado estético favorece a transição à razão teórica e à razão prática.

> Pela disposição estética do espírito, portanto, a espontaneidade da razão é iniciada já no campo da sensibilidade, o poder da sensação é quebrado dentro já de seus próprios domínios, o homem físico é enobrecido de tal maneira que o espiritual, de ora em diante, só precisa desenvolver-se dele segundo as leis da liberdade. O passo do estado estético para o lógico e moral (da beleza para a verdade e o dever) é, pois, infinitamente mais fácil que o do estado físico para o estético (da vida meramente cega para a forma). (*EE*, p. 118)

Vista à luz do interesse prático que orienta as reflexões de Schiller desde o início das cartas, essa tese traz implicações decisivas.

> É das tarefas mais importantes da cultura submeter o homem à forma, ainda em sua vida meramente física, e torná-lo estético até onde possa alcançar o reino da beleza, pois o estado moral pode nascer apenas do estético, e nunca do físico. Se o homem deve possuir, em cada caso particular, a faculdade de tornar sua vontade e seu juízo o juízo da espécie; se deve encontrar a passagem de cada existência limitada para uma existência infinita; se deve poder elevar-se de todo estado dependente para a espontaneidade e liberdade, é preciso prover para que em nenhum momento ele seja somente indivíduo e sirva apenas à lei natural. Se deve ser capaz e estar pronto para elevar-se do círculo estreito dos fins naturais para os fins da razão, ele há-de ter-se exercitado para fins da razão já *nos primeiros* e há-de ter realizado já sua determinação física com uma certa liberdade do espírito, isto é, segundo as leis da beleza. (*EE*, p. 119)

É nesse sentido que Schiller fala em "três momentos" ou três "estágios de desenvolvimento" que concernem tanto ao indivíduo quanto à espécie, estágios que poderão ser mais ou menos longos, mas que não poderão ser saltados ou ter a sua ordem invertida: "No estado *físico* o homem apenas sofre o poder da natureza, liberta-se deste poder no estado *estético*, e o domina no estado *moral*" (*EE*, p. 123). No estado físico, o mundo ainda é uma extensão imediata do sujeito. "Somente quando, em estado estético, ele o coloca fora de si ou o *contempla*, sua personalidade se descola dele, e um mundo lhe aparece porque deixou de ser uno com ele. A contemplação (reflexão) é uma primeira relação liberal do homem com o mundo que o circunda" (*EE*, p. 129). Na contemplação fazemos a genuína experiência da beleza como forma viva.

> A beleza é certamente obra da livre contemplação, e com ela penetramos o mundo das Idéias – mas sem deixar – note-se bem, o mundo sensível, como ocorre no conhecimento da verdade. (...) A beleza, portanto, é *objeto* para nós, porque a reflexão é a condição sob a qual temos uma sensação dela, mas é, ao mesmo tempo, *estado de nosso sujeito*, pois o sentimento é a condição sob a qual temos uma representação dela. Ela é, portanto, forma, pois que a contemplamos, mas é, ao mesmo tempo, vida, pois que a sentimos. Numa palavra: é, simultaneamente, nosso estado e nossa ação. Por ser os dois ao mesmo tempo, a beleza serve-nos como prova decisiva de que a passividade não exclui a atividade, nem a matéria exclui a forma, nem a limitação a infinitude – de que pela necessária dependência física do homem não se suprime absolutamente sua liberdade moral. A beleza o prova, e devo acrescentar que *somente* ela pode prová-lo. (*EE*, p. 131)

Somente ela pode prová-lo, insiste Schiller. E é precisamente por isso e só por isso que o idealismo *transcendental* corretamente compreendido – ou seja, de acordo com o seu "espírito", com a "avaliação antropológica plena" – é um idealismo *estético*. Com isso, Schiller se aproxima novamente – e pela última vez – do limite de toda filosofia transcendental: aquele limite que, ao final do primeiro movimento da analítica antropológica, resultara na beleza como um postulado da razão dotado da força de um imperativo. Pela razão teórica e pela razão prática jamais se chega ao vínculo necessário entre a passividade e a atividade, entre a natureza sensível e a natureza racional.

> Pelo contrário, a partir da exclusão do sentimento, enquanto se pensa, e do pensamento, enquanto se sente, poder-se-ia concluir uma *incompatibilidade* das duas naturezas, da mesma forma que os analistas não sabem aduzir melhor prova da possibilidade de realizar a razão pura na humanidade que o fato de que tal realização é imperativa. Ora, como na

fruição da beleza ou na *unidade estética* se dá uma *unificação real* e uma alternância da matéria com a forma, da passividade com a atividade, por isso mesmo se prova a *unificabilidade* das duas naturezas, a exequibilidade do infinito no finito, portanto a possibilidade da humanidade mais sublime. (*EE*, p. 132)

Todo o problema da passagem do estado físico ao moral se esclarece, pois

se o homem já é livre em comunidade com a sensibilidade, como ensina o *factum* da beleza, e se a liberdade é algo absoluto e suprassensível, como decorre necessariamente de seu conceito, não se pode mais perguntar como ele chega a elevar-se dos limites ao absoluto, a opor-se à sensibilidade em seu pensamento e em seu querer, pois isso já ocorreu na beleza. Numa palavra, não se pode mais perguntar como ele passa da beleza à verdade, pois esta já está em potência na primeira, mas sim como ele abre caminho de uma realidade comum a uma realidade estética, dos meros sentimentos vitais a sentimentos de beleza. (*EE*, p. 132)

Com esta frase, que encerra a vigésima quinta carta, Schiller conclui sua *Elementarphilosophie* e anuncia o motivo dominante das duas cartas seguintes: a pergunta sobre como o homem acede "de uma realidade comum a uma realidade estética, dos meros sentimentos vitais a sentimentos de beleza". Esta pergunta é tratada no âmbito de uma filosofia da história do belo. Schiller reconstrói a gênese e o desenvolvimento do sentido estético como um processo em que se lê a própria história da emancipação humana – das duras coerções físicas e morais à contemplação estética livre e desinteressada (*EE*, p. 136-146). Culminando na ideia de "um terceiro reino, alegre, de jogo e aparência", o "Estado (*Staat*) estético", o "Estado da bela aparência" (*EE*, p. 143-145); essas duas cartas são o desfecho da terceira série publicada em *Die Horen*.

Quando da remessa da primeira série a Johann Friedrich Cotta, seu editor, em 9 de janeiro de 1795, Schiller observou que *Sobre a educação estética do homem* seria uma obra mais ampla. "Como não apresento totalmente minhas cartas estéticas em *Die Horen*", dizia Schiller, elas devem ser impressas separadamente em alguns anos, com elegância, como um todo completo, e então dirigidas nomeadamente ao Príncipe de Augustenburg. Tenho de qualificar estas cartas, que ainda se estenderão sobre toda a teoria da arte, como o melhor que fiz e em geral posso produzir; que sejam o melhor que possuímos nessa matéria, não é nenhuma grande glória. Bem, estas cartas, com as quais espero chegar à imortalidade, devem ser editadas pelo senhor, caso tenha prazer nisso. (*NA* 27, p. 119)

Enquanto preparava o texto para *Die Horen*, as expectativas de Schiller relativas à sua futura publicação em livro "como um todo completo" recaíam fortemente sobre o zelo no seu acabamento, como se vê por uma carta a Körner de 5 de janeiro de 1795. Feliz com a reação do amigo às nove primeiras cartas, Schiller lhe adiantava os originais da série destinada ao número de fevereiro de *Die Horen*, informava já ter prontas as três primeiras cartas da série seguinte, que ainda contava em publicar no número de março, avaliava sem rodeios o que conseguira e lhe fazia um pedido:

> Lance-se seriamente de assalto sobre elas e procure encontrar um ponto fraco: cada intervenção sua prestará agora magníficos serviços para mim e aumentará a clareza das minhas idéias. A exposição abstrata, que certamente ainda tem muita carne e sangue para um tal tema, é algo pelo que você tem de me desculpar, pois creio que quedei-me no limite, e não teria podido abrandar o rigor do estilo sem enfraquecer a precisão dos argumentos. No entanto, caso encontre uma palavra ou uma locução que possa ser substituída por algo mais comum, chame minha atenção. Quero fazer tudo que minha humanidade permite. (*NA* 27, p. 115)

A advertência sobre o caráter abstrato da exposição é compreensível; afinal, a segunda série das cartas é precisamente aquela que contém as bases da dedução do "conceito racional puro da beleza", ou seja, todo o primeiro movimento da analítica antropológica. Na resposta a Körner, de 19 de janeiro de 1795, Schiller afirma ter se valido de suas críticas e assimilado suas sugestões, tornando mais palatáveis especialmente os áridos argumentos da décima primeira e da décima segunda cartas – no que julgava ter sido bem sucedido: "Quanta clareza tem o trabalho em sua configuração atual, mesmo para o leitor não kantiano, é algo sobre o que fiz ontem à noite uma experiência muito interessante. Eu o li para Goethe e Mayer, que estão aqui há oito dias, e ambos se deixaram arrebatar desde o início, e em verdade num grau que uma obra de eloquência mal é capaz" (*NA* 27, p. 122-123).

Os problemas ligados à forma de exposição eram recorrentes nas discussões entre Schiller e Körner sobre o andamento da obra. A 4 de maio de 1795, Schiller os mencionava mais uma vez, destacando o que lhe parecia incontornável num trabalho que, mesmo sem assumir a forma externa do sistema, tinha de ser capaz de satisfazer uma pretensão sistemática, servindo assim de fundamento geral para investigações posteriores e sempre adequadas aos objetivos editoriais de *Die Horen*.

> Em toda realização específica nesse gênero, primeiro é preciso expor previamente uma filosofia elementar (...), e estes princípios gerais tornam então a matéria muito seca para uma revista. Mas é justamente nisto que fundo meu plano de escritor para *Die Horen*. Intencionalmente, faço a apresentação prévia de minha filosofia elementar em minhas cartas para depois poder remeter a ela em realizações específicas. Desse modo, espero que nenhuma proposição importante dos fascículos 2 e 3 permaneça sem ser discutida na sequência de muitos anos; pois deixando que o universal tome a dianteira, posso então dedicar-me a matérias específicas, às quais aplico aquelas proposições centrais. (*NA* 27, p. 178)

Apesar dos juízos negativos sobre as cartas, alguns deles emitidos antes mesmo que elas fossem publicadas, como o de Herder, que as considerava um "pecado kantiano" (*NA* 27, p. 80),[13] Schiller estava inteiramente satisfeito com elas, pois as via na perspectiva de "um todo completo", fundado em princípios exaustivamente deduzidos e demonstrados. Em 12 de junho de 1795, numa nova carta a Cotta, acompanhando o envio da terceira série a ser impressa, Schiller reiterava seu propósito inicial: "Das cartas sobre educação estética não deve aparecer nada mais agora em *Die Horen*, para que, quando o livro surgir, o público receba realmente um novo livro e não apenas a reimpressão de um antigo. Aliás, me alegro muito pelo aparecimento desse escrito, ao qual temos de

---

13. Carta a Körner, 7 de novembro de 1794.

dar toda elegância externa e interna possível" (*NA* 27, p. 192). Schiller renunciou a esse projeto. O texto que terminou permanecendo como a edição definitiva das cartas seria basicamente o mesmo publicado em *Die Horen*. Com pequenas correções e modificações, ele apareceu em 1801 no terceiro volume dos *Escritos menores em prosa*, publicado em Leipzig por Siegfried Lebrecht Crusius. Schiller não desenvolveu sua "teoria da arte" como desejara, mas deixou substancialmente elaborada a base do seu "System": a *Elementarphilosophie* sobre a qual seria erguida.

Como os melhores filósofos, Schiller teve apenas um único pensamento – o que naturalmente não significa que teve apenas uma única ideia, e sim que pensou incansavelmente um único problema: o da unidade do homem. Esse problema já fora o tema de sua dissertação ao final do curso de medicina e o acompanhou em toda a sua obra. Em "Os artistas" – essa suma poética do seu pensamento filosófico escrita em 1788-1789, portanto antes do seu estudo de Kant e da redação dos seus próprios trabalhos filosóficos –, a prerrogativa da beleza é claramente afirmada, pois ela é vista como o princípio de unificação da natureza humana. Nas cartas *Sobre a educação estética do homem* essa tese receberia sua formulação definitiva no inédito ambiente conceitual de uma *Elementarphilosophie* estética. De um ponto de vista estritamente histórico-filosófico, Schiller criou um idealismo de novo tipo – um "idealismo estético", como bem o chamou Windelband. Contudo, segundo a autocompreensão do próprio Schiller, sua *Elementarphilosophie* não se destinava a ser apenas mais um tipo de idealismo. Nascida do idealismo transcendental, ela queria a si mesma como o seu "espírito" consumado. Ela expressa a convicção – não por acaso já evidente na própria *forma de exposição*, tão polêmica quanto encantadora, de *Sobre a educação estética do homem*[14] – de que o idealismo consequente só se deixa fundamentar *esteticamente*; portanto, que o *idealismo* consumado é necessariamente *estético*.

---

14. Ver, neste volume, o texto "Verdade e beleza. Schiller e o problema da escrita filosófica".

BIBLIOGRAFIA

Obras de Schiller

Schillers Werke. Nationalausgabe. Weimar: Hermann Böhlaus Nachfolger, 1943 ss.

Kallias ou sobre a beleza. A correspondência entre Schiller e Körner, janeiro-fevereiro de 1793. Tradução e introdução de Ricardo Barbosa. Rio de Janeiro: Jorge Zahar, 2002.

Fragmentos das preleções sobre estética do semestre de inverno de 1792-93. Tradução e introdução de Ricardo Barbosa. Belo Horizonte: Editora UFMG, 2004.

Cultura estética e liberdade. Cartas ao Príncipe de Augustenburg, fevereiro-dezembro de 1793. Organização, introdução e tradução de Ricardo Barbosa. São Paulo: Hedra, 2009.

A educação estética do homem. Numa série de cartas. Tradução de Roberto Schwarz e Márcio Suzuki. São Paulo: Iluminuras, 1990.

Poesia ingênua e sentimental. Tradução e introdução de Márcio Suzuki. São Paulo: Iluminuras, 1991.

Demais referências bibliográficas

ARENDT, H. *A vida do espírito.* Rio de Janeiro: Relume Dumará, 1992.

_____. "Que é autoridade?". In *Entre o passado e o futuro.* São Paulo: Perspectiva, 1972.

BARBOSA, R. "Para a ideia de uma estética discursiva". In I. C. Pradilla e P. Reis (org.). *Kant. Crítica e estética na modernidade*. São Paulo: Senac, 1999.

_____. "Catarse e comunicação: sobre Jauss e Kant". In R. Duarte, V. Figueiredo, I. Kangussu e V. Freitas (org.). *Kátharsis: reflexos de um conceito estético*. Belo Horizonte: C/Arte, 2002.

_____. "Competência estética, consciência moral e linguagem". In L. B. Araujo e R. Barbosa (org.). *Filosofia prática e modernidade*. Rio de Janeiro: Eduerj, 2003.

_____. "Habermas and the Specificity of the Aesthetic". In *Symposium. Journal of the Canadian Society for Hermeneutics and Postmodern Thought*. Vol. 7, 1, 2003.

_____. "Habermas e a especificidade do estético". In *O que nos faz pensar*, 18, 2004.

_____. "Experiência estética e racionalidade comunicativa". In C. Guimarães, B. S. Leal, C. C. Mendonça (org.). *Comunicação e experiência estética*. Belo Horizonte: Editora UFMG, 2006.

_____. "Música, racionalidade e linguagem". In R. Duarte e V. Safatle (org.). *Ensaios sobre música e filosofia*. São Paulo: Humanitas, 2007.

_____. *Schiller e a cultura estética*. Rio de Janeiro: Jorge Zahar, 2004.

_____. "Kant trágico". In D. G. Alves Júnior (org.). *Os destinos do trágico: arte, vida, pensamento*. Belo Horizonte: Autêntica / FUMEC, 2007.

BARCK, K. "Wunderbar". In *Ästhetische Grundbegriffe*, vol. 6. Stuttgart: J. B. Metzler, 2010.

BARTL, A. "Schiller und die lyrische Tradition". In H. Koopmann (org.). *Schiller-Handbuch*. Stuttgart: Alfred Kröner, 1998.

BERGHAHN, K. L. "Anmerkungen". In F. Schiller. *Kallias oder über die Schönheit. Über Anmut und Würde*. Stuttgart: Reclam, 1994.

_____. "'Eines Freundes Freund zu sein'. Zum Briefwechsel zwischen Schiller und Körner". In *Schiller. Ansichten eines Idealisten*. Frankfurt am Main: Athenäum, 1986.

_____. "Schillers philosophischen Stil". In H. Koopmann (org.). *Schiller-Handbuch*. Stuttgart: Alfred Kröner, 1998.

DÜSING, W. *Friedrich Schiller. Über die ästhetische Erziehung des Menschen in einer Reihe von Briefen. Text, Materialien, Kommentar*. Munique: Hanser, 1981.

EBELING, G. "Geist und Buchstabe". In *Religion in Geschichte und Gegenwart*. Vol 2. Tübingen: J. C. B. Mohr (Paul Siebeck), 1959.

FICHTE, J. G. *Gesamtausgabe der Bayerischen Akademie der Wissenschaften*. Ed. Reinhard Lauth e Hans Gliwitzky. Stuttgart: Frommann-Holzboog, 1962-2012.

_____. *O destino do erudito*. Tradução e posfácio de Ricardo Barbosa. São Paulo: Hedra, 2014.

_____. *Fundação de toda a doutrina da ciência*. In *Fichte*. Seleção, tradução e notas de Rubens Rodrigues Torres Filho. São Paulo: Abril, 1980.

FISCHER, K. *Schiller als Philosoph*. 2 vols. Heidelberg: Carl Winter's Universitätsbuchhandlung, 1892.

FRÜCHTL, J. "Ästhetische Erfahrung und Einheit der Vernunft. Thesen im Anschluß an Kant und Habermas". In F. Koppe (org.). *Perspektiven de Kunstphilosophie*. Frankfurt am Main: Suhrkamp, 1993.

GOETHE, J. W. "Einfache Nachahmung der Natur, Manier, Stil". In *Werke*. Vol. 12. Hamburger Ausgabe. Munique: DTV, 1998.

GOLDMANN, L. *Le dieu caché. Etude sur la vision tragique dans les Pensées de Pascal e dans le théâtre de Racine*. Paris: Gallimard, 1955.

_____. *Introduction à la philosophie de Kant*. Paris: Gallimard, 1967.

_____. *Mensch, Gemeinschaft und Welt in der Philosophie Immanuel Kants. Studien zur Geschichte der Dialektik*. Zurique: Europa Verlag, 1945.

HABERMAS, J. *Der philosophische Diskurs der Moderne*. Frankfurt am Main: Suhrkamp, 1986.

HEGEL, G. W. *Cursos de estética I*. Tradução de Marco Aurélio Werle. São Paulo: Edusp, 2001.

HENRICH, D. "Der Begriff der Schönheit in Schillers Ästhetik". In *Zeitschrift für philosophische Forschung*, 11, 1956.

JAIN, E. e TRAPPE, T. "Staunen; Bewunderung; Verwunderung". In *Historisches Wörterbuch der Philosophie*. Basel: Schwabe Verlag, 1971-2007, vol. 10, col. 116-26.

JONAS, F. "Christian Gottfried Körner". In *Allgemeine deutsche Biographie*. Leipzig: Duncker & Humblot, 1882, vol. 16.

KANT, I. *Werke*. Edição de Wilhelm Weischedel. Darmstadt: Wissenschafliche Buchgesellschaft, 1983.

_____. *Crítica da razão pura*. Tradução de Manuela Pinto dos Santos e Alexandre Fradique Morujão. Lisboa: Calouste Gulbenkian, 1994.

_____. *Prolegômenos a toda metafísica futura que queira apresentar-se como ciência*. Tradução de Artur Morão. Lisboa: Ed. 70, 1988.

_____. *Crítica da faculdade do juízo*. Tradução de Valerio Rohden e António Marques. Rio de Janeiro: Forense Universitária, 1993.

_____. *Antropologia de um ponto de vista pragmático*. Tradução de Clélia Aparecida Martins. São Paulo: Iluminuras, 2006.

_____. *Os progressos da metafísica*. Tradução de Artur Morão. Lisboa: Ed. 70, 1985.

_____. *Textos seletos*. Edição bilíngue. Tradução de Raimundo Vier. Petrópolis: Vozes, 1974.

_____. *Lógica*. Tradução de Guido de Almeida. Rio de Janeiro: Tempo Brasileiro, 1992.

_____. *Realidade e existência. Lições de metafísica*. São Paulo: Paulus, 2005.

KOOPMANN, H. "Denken in Bildern. Zu Schillers philosophischem Stil". In *Jahrbuch der deutschen Schillergesellschaft*, 30, 1996.

KÖRNER, C. G. *Aesthetische Ansichten*. Leipzig: Göschen, 1808. Uma reedição foi preparada por Joseph Peter Bauke. Marbach: Schiller-Nationalmuseum, 1964.

_____. *Gesammelte Schriften*. Edição de Adolf Stern. Leipzig: F. W. Grunov, 1881.

_____. "Nachrichten von Schillers Leben". In F. Schiller. *Sämmtliche Werke*. Stuttgart e Tübingen: Cotta, 1812, vol. 1, p. I-LX.

KOYRÉ, A. *Do mundo fechado ao universo infinito*. Rio de Janeiro: Forense Universitária, 1979.

KRAUTSCHEID, C. *Gesetze der Kunst und der Menschheit. Christian Friedrich Körners Beitrag zur Ästhetik der Goethe-Zeit*. Diss., Technische Universität Berlin, 1998

LATZEL, S. "Die ästhetische Vernunft. Bemerkungen zu Schillers 'Kallias' mit Bezug auf die Ästhetik des 18. Jahrhunderts". In *Literaturwissenschaftliches Jahrbuch*, 1961.

LÉON, X. *Fichte et son Temps*. Vol. 1. Paris: Armand Colin, 1922.

LICHTENSTEIN, E. "Schillers 'Briefe über die ästhetische Erziehung' zwischen Kant und Fichte". In *Archiv für Geschichte der Philosophie*, 39, 1930.

MATUSCHEK, S. *Über das Staunen. Eine ideengeschichtliche Analyse*. Tübingen: M. Niemeyer, 1991.

MEIER, A. "Körner, Christian Gottfried", in W. Killy, *Literatur Lexikon. Autoren und Werke deutscher Sprache*. Vol. 6. Munique: Bertelsmann Lexikon, 1990.

MENGES, F. "Körner, Christian Gottfried". In *Neue deutsche Biographie*, vol. 12. Berlim: Duncker & Humblot, 1980.

MICHAELIS, C. F. *Entwurf der Ästhetik als Leitfaden bei akademischen Vorlesungen über Kant's Kritik der ästhetischen Urtheilskraft*. Leipzig, 1796.

_____. *Noch ungedruckte Fragmente aus Schillers aesthetischen Vorlesungen vom Winterhalbjahr 1792-93*, in *Geist aus Friedrich Schillers Werken, gesammelt von Christian Friedrich Michaelis*. Zweite Abtheilung. Leipzig: Baumgärtnerische Buchhandlung, 1806.

_____. *Philosophische Rechtslehre zur Erläuterung über J. G. Fichte's Grundlage des Naturrechts nebst einem Auszuge derselben. Mit Rücksicht auf I. Kant's Entwurf zum ewigen Frieden und Metaphysische Anfangsgründe der Rechtslehre*. Leipzig, 1797-1799.

_____. *Ueber den Geist der Tonkunst und andere Schriften*. Organizado por L. Schmidt. Chemnitz: Gudrun Schröder Verlag, 1997.

OEING-HANHOFF et al. "Geist". In *Historisches Wörterbuch der Philosophie*. Vol. 3. Basel: Schwabe Verlag, 1971-2007.

PASCAL, B. *Pensées*, in *L'Oeuvre de Pascal*. Edição de Jacques Chevalier. Paris: NRF-Bibliothèque de la Pléiade, 1936.

REINHOLD, K. L. "Über die Möglichkeit der Philosophie als strenge Wissenschaft". In *Beiträge zur Berichtigung bisheriger Missverständnisse der Philosophen. Erster Band das Fundament der Elementarphilosophie betreffend*. Hamburgo: F. Meiner, 2003.

_____. "Sobre a possibilidade da filosofia como ciência rigorosa". Apresentação e tradução de R. Barbosa. In *Analytica*, vol. 13, nº 1, 2009.

_____. *Über das Fundament des philosophischen Wissens*. Hamburgo: F. Meiner, 1978.

RIEDEL, W. "Schiller und die Popularphilosophie". In H. Koopmann (org.). *Schiller-Handbuch*. Stuttgart: Alfred Kröner, 1998.

STRUBE, W. "Schillers Kallias-Briefe oder über die Objektivität der Schönheit". In *Literaturwissenschaftliches Jahrbuch* NF 18, 1977.

TAMINIAUX, J. *La Nostalgie de la Grece a l'aube de l'idealisme allemand*. La Haye: Martius Nijhoff, 1967.

TOLSTOI, L. *O que é a arte?* São Paulo: Experimento, 1994.

TUGENDHAT, E. *Egocentricidad y mística. Um estúdio antropológico*. Barcelona: Gedisa, 2004.

UEDING, G. "Schiller und die Rethorik". In H. Koopmann (org.). *Schiller-Handbuch*. Stuttgart: Alfred Kröner, 1998.

VALERA, M. R. e ONCINA, F. "Introducción". In J. G. Fichte, *Estética y Filosofía. La polemica con F. Schiller*. València: Servei de Publicacions de la Universitat de València, 1998.

WIESE, B. v. *Friedrich Schiller*. Stuttgart: J. B. Metzlersche Verlagsbuchhandlung, 1959.

WILDENBURG, D. "'Aneinander vorbei'. Zum Horenstreit zwischen Fichte und Schiller". In *Fichte-Studien*, 12, 1997.

WILKINSON, E. "Schiller und die Idee der Aufklärung. Betrachtungen anläßlich der Briefe über die ästhetischen Erziehung". In *Jahrbuch der deutschen Schillergesellschaft*, 4, 1960.

_____."Zur Sprache und Struktur der ästhetischen Briefe. Betrachtungen beim Abschluß einer mühevoll verfertigten Übersetzung ins Englische". In *Akzente*, 6, 1959.

_____. *Schiller. Poet or Philosopher?* Oxford: Clarendon Press, 1961.

WILKINSON, E. M. e WILLOUGHBY, L. A. *Schillers Ästhetische Erziehung des Menschen. Eine Einführung.* Munique: C. H. Beck, 1967.

WINDELBAND, W. *Die Geschichte der neueren Philosophie in ihrem Zusammenhange mit der allgemeinen Cultur und den besonderen Wissenschaften dargestellt.* 2 vols. Leipzig: Breitkopf und Härtel, 1878-1880.

_____. *Lehrbuch der Geschichte der Philosophie.* 3ª ed. Tübingen e Leipzig: J. C. B. Mohr, 1908.

WINKELMANN, E. "Schiller und Fichte". In *Zeitschrift für Geschichte der Erziehung und des Unterrichts*, ano 24, 1-4, 1934.

ZELLER, B. *Schillers Leben und Werk in Daten und Bildern.* Frankfurt am Main: Insel, 1966.

SOBRE O AUTOR

Ricardo Barbosa é doutor em Filosofia pela PUC/RJ, Professor Associado do Departamento de Filosofia da Uerj e pesquisador do CNPq. Autor de *Dialética da reconciliação. Estudo sobre Habermas e Adorno* (Rio de Janeiro: Uapê, 1996), *Schiller e a cultura estética* (Rio de Janeiro: Jorge Zahar, 2004), *A formação pela ciência. Schelling e a idéia de universidade* (Rio de Janeiro: Eduerj, 2010). Entre outros autores, traduziu obras de Friedrich Schiller (*Kallias ou sobre a beleza. A correspondência entre Schiller e Körner, janeiro-fevereiro de 1793*. Rio de Janeiro: Jorge Zahar, 2002; *Fragmentos das preleções sobre estética do semestre de inverno de 1792-93*. Belo Horizonte: Ed. UFMG, 2004; *Cultura estética e liberdade. A correspondência entre Schiller e o Príncipe de Augustenburg*. São Paulo: Hedra, 2009) e de Johann Gottlieb Fichte (*O destino do erudito*. São Paulo: Hedra, 2014; *Ceticismo e criticismo. A idéia de uma ciência da ciência em geral*. São Paulo: Loyola, 2015).

1ª EDIÇÃO [2015]

Esta obra foi composta em Minion Pro e Din sobre papel
Pólen soft 80 g/m² para a Relicário Edições.